中国电影表演艺术学会

《中国表演艺术家传纪丛书》编委会

主　任：唐国强

委　员：唐国强　黄小雷　江　平　乔还田　牟福江　刘诗兵　钱学格

　　　　李　炎　冯国荣　姚　强　李　学　赵建国　方　舟　方国根

主　编：刘诗兵　冯国荣

副主编：李　炎

出版策划：方国根

编辑主持：洪　琼　李之美

责任编辑：李之美

图片设计：刘　强

封面设计：田杰华

版式设计：东昌文化

陶玉玲画传

冯国荣·著

TAO YULING HUAZHUAN · ZHONGGUO BIAOYANYISHUJIA ZHUANJICONGSHU

TAO YULING

人民出版社

总　序

"文学即人学"。表演艺术亦是如此。

用图文并茂的画传形式将电影表演艺术家们"幕前"、"幕后"的故事汇编成系列丛书，无疑是把一笔巨大的财富奉献给读者，对中国电影起到了拾遗补缺的作用，这是一项可持续发展的事业。

第一批丛书（四本）可谓拉开了序幕，相信她会与中国电影一起代代传承下去。

感谢"天津科道基金"的无私支持；感谢冯国荣教授和他的同事们为此付出的辛勤劳动；感谢人民出版社为丛书的问世提供了高品质的平台。

"纸上得来终觉浅，绝知此事要躬行"。

2011.6.11

目 录

CONTENTS

引言 中国电影表演艺术中的清纯的田园诗 /1

一 镇江的名门之后，上海的小家碧玉 /5

二 从华东军政大学到前线话剧团 /23

三 柳堡的故事——九九艳阳天 /43

四 把毛主席看哭了的双经典：《霓虹灯下的哨兵》 /63

五 从"南通六年"到走进八一电影制片厂 /81

六 从《没有航标的河流》到《张培英》 /97

七 特殊的荣誉：党和国家领导人的关注 /107

八 生命之歌：抗癌10年拍摄影视片13部 /119

九 有口皆碑：师谊与友情 /129

十 爱情故事：令人叹息而又美丽动人 /155

十一 依然纯朴、平易、热情洋溢 /173

十二 解读陶玉玲：平淡本身就是绚烂 /199

附录 经历、作品及获奖情况 /213

后记 /217

b

引言　中国电影表演艺术中
的清纯的田园诗

九九那个艳阳天哪哎嗨哟，
十八岁的哥哥坐在小河边。
东风那个吹得那风车转呀，
蚕豆花儿香呀麦苗儿鲜。

伴随着电影《柳堡的故事》插曲《九九艳阳天》的动人旋律，一个清纯、甜美的"二妹子"形象——陶玉玲，留在了亿万中国人的长达半个多世纪的记忆里，成为中国电影艺术的别一样的 DNA。

中国电影史上，有不少功力深厚的表演艺术家，有多姿多彩的表演艺术风格、样式。就女演员而言，有张瑞芳李双双式的泼辣奔放，白杨祥林嫂祝福式的哀怨沉重，田华白毛女式的悲愤刚强，谢芳林道静式的娟秀隽雅，王晓棠金环式的刚烈与银环式的文静……

然而陶玉玲，与她们都不一样，她以二妹子和春妮的清纯、甜美、天然、淳朴的形象，与《九九艳阳天》那样美妙动人的歌谣，与风车、小舟、蚕豆花儿、杨柳、芦苇的自然意象，组成一首电影艺术领域的田园诗，一种极其美好的境界，一种看似不经意实则是"天人合一"的别一样的艺术经典。即使在大上海的光怪陆离的霓虹灯下，她仍然是一首田园诗。

你不妨闭上眼睛轻轻地吟唱《九九艳阳天》，细细地体味这个"二妹子"，这个"春妮"。

一只小船撑过小桥、撑出柳阴，船头上站着羞涩的二妹子。

东风那个吹得那风车转呀，
蚕豆花儿香呀麦苗儿鲜。

随着小船行走的，是一首长江三角洲水乡美丽的田园诗，是田园诗化了的带着浓郁的泥土芳香的初开的情窦。

　　镜头切到风车，那是长江三角洲里下河地区特有的用于灌溉的风车，白色的风帆、褐色的戽斗。

　　　　风车呀风车那个依呀呀地转哪，
　　　　小哥哥为什么呀不开言？

　　这种歌要一个字一个字、一个音符一个音符地品味。"风车呀风车那个依呀呀地转哪"，这句词好像没有什么意义，但是它唯美，亲切而又古朴，具象而又空灵。它与"小哥哥为什么呀不开言"比兴在一起，就成了有意味的形式。

　　二妹子站在河岸上目送恋人，恋恋不舍而又充满期盼。

　　　　哪怕你一去呀千万里呀，
　　　　哪怕你十年八载呀不回还。

　　一种遥远等待中的一往情深，或者说是一往情深的不管多么遥远的等待……

　　陶玉玲最经典的是《柳堡的故事》中对镜理妆的甜美的一笑，还有《霓虹灯下的哨兵》中初到南京路时甜美的一笑。

　　这一笑，留在亿万中国观众的记忆里，标志性地镌刻下陶玉玲的艺术个性，也笑出了那个时代中国电影史的一个令人难忘的年轮。

九九艳阳天——电影《柳堡的故事》插曲

胡石言 黄宗江 词
高 如 星 曲

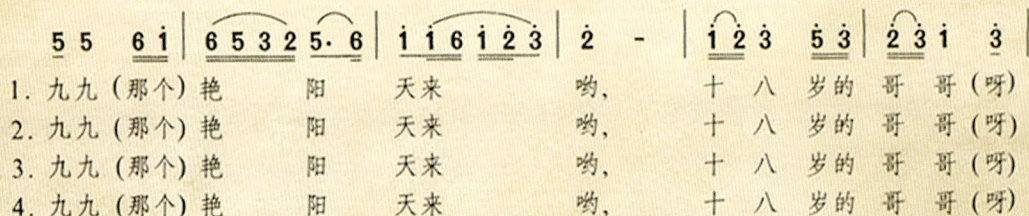

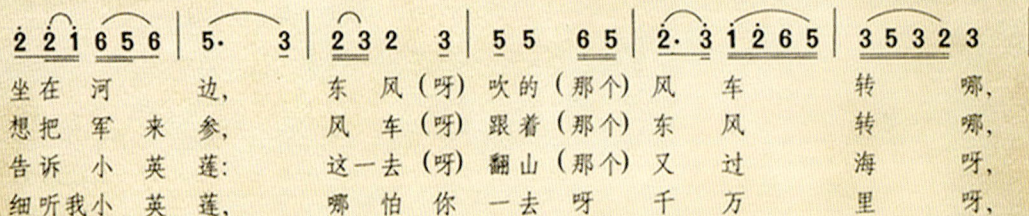

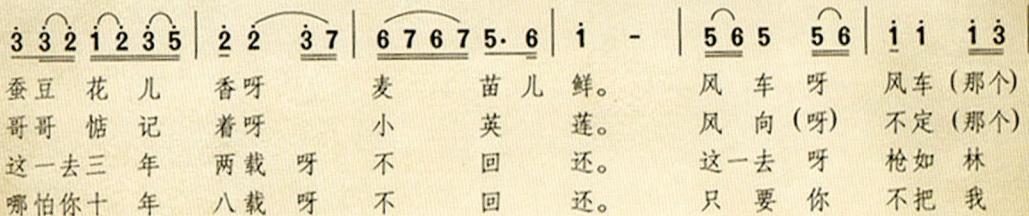

1=C 2/4

5 5 6 1 | 6 5 3 2 5 . 6 | 1 1 6 1 2 3 | 2 - | 1 2 3 5 3 | 2 3 1 3 |

1. 九九（那个）艳 阳 天来 哟， 十八 岁的 哥哥（呀）
2. 九九（那个）艳 阳 天来 哟， 十八 岁的 哥哥（呀）
3. 九九（那个）艳 阳 天来 哟， 十八 岁的 哥哥（呀）
4. 九九（那个）艳 阳 天来 哟， 十八 岁的 哥哥（呀）

2 2 1 6 5 6 | 5 . 3 | 2 3 2 3 | 5 5 6 5 | 2 . 3 1 2 6 5 | 3 5 3 2 3 |

坐在 河 边， 东风（呀）吹的（那个）风 车 转 嘟。
想把 军来 参， 风车（呀）跟着（那个）东 风 转 嘟。
告诉 小英 莲： 这一去（呀）翻山（那个）又 过 海 呀，
细听我 小英 莲， 嘟怕你 一 去呀 千 万 里 呀，

3 3 2 1 2 3 5 | 2 2 | 3 7 | 6 7 6 7 5 . 6 | 1 - | 5 6 5 | 5 6 | 1 1 | 1 3 |

蚕豆 花儿 香呀 麦 苗儿 鲜。 风车 呀 风车（那个）
哥哥 惦 记 着呀 小 英 莲。 风向（呀） 不定（那个）
这一去三 年 两 载 呀 不 回 还。 这一去 呀 枪如 林
嘟怕你十 年 八 载 呀 不 回 还。 只要 你 不把 我

2 3 7 6 7 6 5 | 3 5 3 2 3 | 3 3 2 1 2 3 5 | 2 2 | 3 7 | 6 7 6 7 5 . 6 | 1 - |

哝呀 呀 地唱 嘟， 小哥哥 为 什 么呀 不 （啊）开 言？
车难 转 嘟， 决心 没有 下呀 怎 么 开 言！
弹如 雨 呀， 这一去革 命 胜利 呀 再 相 见。
英莲 忘 呀， 等待你胸 佩 红花 呀 回 家 转。

4

五柳堂全景

陶玉玲儿时家庭合影，右1为陶玉玲

京口瓜洲一水间，钟山只隔数重山。
春风又绿江南岸，明月何时照我还。

金陵明灭小山秋，一宿行人自可愁。
潮落夜江斜月里，两三星火是瓜州。

这些脍炙人口的千古绝唱，加上中国最经典的小说《三国演义》中刘备招亲的甘露寺（原型），中国最美丽的神话剧白娘子水漫金山的金山寺（原型），都是出自同一个城市——江苏省镇江市。

1934年10月28日，当晨曦即将升起的时候，朦朦胧胧的鳞次栉比的粉墙黛瓦中间，传出了清脆的啼声——
在镇江演军巷陶家有十三进
的大宅院里，出生了日
后在中国家喻户晓、
给无数人带来陶
醉愉悦的电
影与话剧

镇江五柳堂一隅

四川平原菜花正黄

表演艺术家——陶玉玲。

　　日后，当我们去解读陶玉玲保持了 77 年的清纯、甜美、天然、淳朴，去诠释"性格决定命运"这句格言时，我们发现，陶玉玲的潜质、素养乃至成就、风格都早早积淀在她的教养、家庭构成之中。

从镇江到上海

　　一般人都以为陶玉玲出生于农村，从二妹子到春妮到《没有航标的河流上》的吴爱花，到 60 岁后演的许多农村老大娘都是农村妇女形象。但其实陶玉玲出身于名门望族，在中等城市镇江与大城市上海长大。除了下去接受锻炼、体验生活，没有在农村生活过。

　　陶玉玲系晋代大诗人陶渊明之后，至今在陶玉玲小时居住的镇江演军巷存有"五柳堂"，为江苏省重点文物保护单位。第一进楠厅用硕大楠木建

镇江金山宝塔

陶玉玲与父母弟妹

成，极为可贵。第三进为"游经楼"，取陶渊明诗"游好在六经"之意。陶渊明又称五柳先生，故堂名五柳堂，陶渊明后裔于明代由江西浔阳迁此。

　　陶玉玲出生的时候，陶家仍然兴旺。镇江市政府的介绍称，"凭手工劳动逐步发展成江绸业巨擎"。陶家属于镇江陶、毛、陈、蔡四大家族之一，开着一个声名远扬的绸缎庄"陶魁记"。拥有十三进之多的大宅院，六十多口家人住在一起。陶玉玲还记得祖母去世出殡的时候，场面非常大。大宅院的大门打开了，里里外外挂着白幡、白幛、挽联、挽花，给人阴森森的感觉，大队的和尚前来念经超度……

陶玉玲父母合影

　　陶玉玲3岁的时候，抗日战争爆发，由于日本飞机轰炸，一场大火烧掉了陶家大院大部分宅子。陶玉玲家被迫出外逃难，并在逃难的过程中丧失一姐一弟。

　　陶玉玲的父亲陶笠仙带着一家人与分得不多的财物，逃到上海投靠陶玉玲的外祖父。陶玉玲的外祖父时任上海招商局的总会计师，家道殷实。在上海法租界拉都路拥有漂亮的住宅。

　　陶玉玲3岁到这里，一直待到9岁，在拉都路小学上学读到三年级。拉都路小学很漂亮，大部分同学是外国孩子。有几件事给陶玉玲印象很深。学费很贵，一学期要60块大洋。外国同学午饭蔬菜很多，胡萝卜丝一大盆。而陶玉玲姐妹

II

则是由家里送饭，用那种三个格子的铝饭盒，一般都是一种菜加上米饭。所有同学都穿校服，下身是工装裤，上身是白衬衣，夏天穿白球鞋，冬天穿黑球鞋。陶玉玲最盼望的是放学，放学的路上可以去法国面包房买一个小面包，还有一根赤豆冰棒，冰棒打开如果发现赤豆只有一粒，还可以换一根。

有人说，五六岁是对人的许多智慧有决定性的年龄，陶玉玲在大上海的一段见多识广的生活，潜移默化对她其实是起了作用的。不过她自己回忆起来，最难忘怀的却是上海的市井风情，幼时的那些乐趣：

上海这地方好吃的东西真多。大饼、油条、粢饭一类几乎是天天吃的，大饼在一个吊炉里烤，吊炉像一个大罐子，中间是通红的煤火，周边贴大饼，烤出来非常好吃非常香。还有油煎臭豆腐干，用竹串串起来，一定要在马路上吃，到家里吃就没有了味。现在到上海我还喜欢在马路上吃。拍《霓虹灯下的哨兵》时，在上海走在马路上要带口罩，因为有了《柳堡的故事》后出门经常被围观，只好戴口罩。但我仍然会找一个偏僻处买一串臭豆腐干在马路上吃，那才有味儿。

我们家附近就是一个菜场，上海这地方与全国其他地方都不同，每天天不亮就要起来买菜。我家阿姨每天天不亮就去，有时好像只有三四点钟。还有刷马桶，也很早，用竹帚刷，很响，哐啷哐啷……刷完后斜靠在墙根晾。用马桶本来是因为家里没有有下水道的厕所，刷马桶是一件很脏的活儿，但现在回忆起来竟然有几分亲切。那就是生活，那个年代的生活。

还有有轨电车，叮叮当当响着开过去，从蒙昧初开一直开到小学三年级初懂人事，一直开在七十多年的记忆里。

9岁的时候，外祖父去世。父亲从镇江带来的钱也花光了，一家子只好又回到镇江。

镇江的大宅院烧得只剩下三进。陶玉玲家住一进，陶玉玲叔叔家住一进。中间一进租给了别人。两家就靠收中间一进的房租过日子。经济状况每况愈下。陶玉玲的妈妈叫李秀华，是大家出身，她坚持再穷也要让孩子上学。姊妹四个都上学，年年因为学费犯愁，最后到了靠典当度日。爸爸是公子哥儿，妈妈是大家闺秀，姐姐已长大，都要面子，妹妹、弟弟还小，当东西只好由刚过10岁的陶玉玲去。然而，陶玉玲也拉不下面子。

镇江演军巷五柳堂实景

陶玉玲家所在的巷子叫演军巷，而陶玉玲上学的小学与当铺都在磨刀巷。去当铺的时候，东张张、西望望，看两边没有同学，一下子窜进当铺，把当物高高举在头上，摆到当柜上，然后等拿了当票与钱扭头就走。值钱的东西都卖光了，最后只能当衣服。夏天去当冬天的衣服，到冬天再把冬衣赎回来。

陶玉玲的大姐很早就出嫁了，姐夫是一个土木工程师，家境还可以，常常接济陶家，其中包括寄一些衣服过来。这些衣服姐妹几个像"接力棒"一样一个一个往下传递，玉平穿完了改小一点让玉玲穿，玉玲穿完了再改小一点让玉辉穿。连袜子也是长筒袜做成短筒，再改超短筒，一个一个接着穿。

陶玉平曾经考上了大学，因为经济原因改上了师范，毕业后当了小学老师，后来做了小学校长，开始养家。但是要维持全家生活，让三个弟妹都能上学，靠这点微薄的薪水还是不够。陶玉玲就和同学一起糊火柴盒，赚取非常微薄的收入填补家用。即使这样，陶妈妈还是坚持让每个孩子都上学，毕竟还有一进房子的一半租金收入，陶家也没有穷到没有饭吃的地步。

清纯、甜美的性格原点

世上所有的人都有童年，都有童趣，都有不少快乐、天真无忧的经历，不管是贫还是富。陶玉玲的童年与少年时代有三件事值得一提，对她后来的发展产生了至关重要的作用。

第一是陶玉玲的山野田园情趣。陶玉玲说她小时候最开心的事就是到郊外去。甘露寺在郊外，到甘露寺附近的山坡上、田野里去挖荠菜、剪草头是她每年必干的事情。鲁迅先生有一篇《从百草园到三味书屋》，陶玉玲说，甘露寺附近的广阔的山坡，无边的田野，就是她的大大的百草园。

正是王安石所说"春风又绿江南岸"的时节，陶玉玲与小伙伴们来到甘露寺下面的山坡上、田野里。提着小竹篮，带着铲子、剪刀，在菜地里、田埂上寻寻觅觅。当春风拂动她所穿的由姐姐穿剩的衣服剪短改装的小碎花衣裙，拂动她清纯的缕缕秀发，仿佛定格住了一个未来会留在亿万中国人记忆中的楚楚动人的"小村姑"。

陶玉玲后来说，我从小在大城市长大，但不知怎么一直有在骨子里亲农村、亲自然的倾向。直到 2011 年，陶玉玲与谢芳去四川参加红歌会，听说乡下油菜花开得非常漂亮，非常急切地去了，一进油菜花地就陶醉了，最后带回来一组戴着满头油菜花的照片，高兴得到处给人看。

陶玉玲这个自小就有亲农村、亲自然的倾向，为她今后以饰演农村妇女著称，种下了最先的因子。

第二是陶玉玲最早的艺术启蒙。

按陶玉玲的说法，陶玉玲的姐姐陶玉平是比她更有艺术天赋的人，上中学时，经常参加各种演出，除唱歌、跳舞外，还有话剧，演出过夏衍的《离离草》，田汉的《湖上的悲剧》。陶玉平在家里排戏的时候，陶玉玲，还有陶玉玲的妹妹陶玉辉、邻居汪传媛、堂妹陶丽芳就趴在窗台上偷看，看会了就学。后来陶玉玲与小伙伴们便也能独立演出。有《姑苏台》、《人鱼公主》，都是歌伴舞的神话剧。这一段经历可以看做是陶玉玲表演艺术的最早启蒙，对她后来一进华东军政大学就能走上表演艺术的道路，有着潜移默化的基础作用。

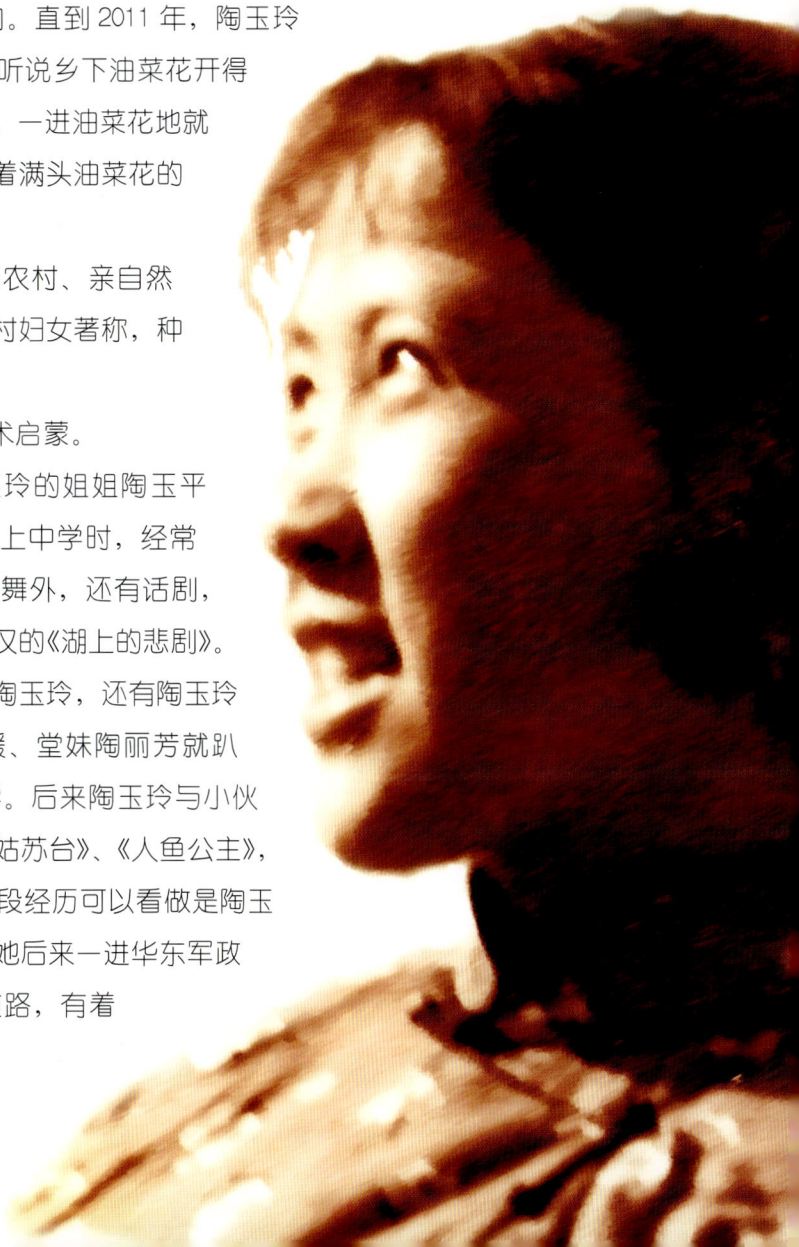

陶玉玲与大姐陶景奇、二姐陶玉平合影

陶玉玲与华东军政大学同学

陶玉玲 14 岁进华东军政大学，半年后进文艺系，就因为虽然平日里腼腼腆腆，但一上台就大大方方，很快引起了注意。课余排练的第一个小歌剧《王大娘补缸》，就被推荐给陈毅司令员观看。

第三是陶玉玲清纯、甜美、淳朴、谦让的性格原点。

陶玉玲家姐妹八个，去世三个，剩下五个，陶玉玲排老三，两个姐姐，一个妹妹，一个弟弟。陶家所有家庭成员回忆起陶玉玲都会说到几个共同之处。

一是勤劳。在孩子中干家务活最多。经常是起得最早，睡得最晚。早晨去面馆买面条，晚上去老虎灶买水、灌汤壶、暖被窝。为了节约烧柴，用炉下的热灰煨锡壶。二是谦让、淳朴。在家里不争什么，好吃好穿常常让着别人。与同学、邻居从来不争吵。三是比较"笨"，而且自己认定自己"笨"。她日后成为了万人追捧的明星仍然认为自己"笨"，可说是彻底的发自内心的低调。她的姐姐陶玉平说她上学功课不算好，尤其是数学不好。连表演艺术，开始也不如陶玉平有灵气。但陶玉玲很用功，做一件事一定要做好。四是爱笑，脾气好，整天一笑俩酒窝。都说陶玉玲清纯、甜美，真正的清纯、甜美，不仅要有清纯、甜美的外表，更要有清纯、甜美的内心。而清纯、甜美的内心基础应该是淳朴、天真，有某种真正的低调、谦让甚至弱势定位，有把人看甜、把生活看甜的为人。否则外在的清纯、甜美即使装的很像也不可能真正的深入、持久、动人。

一个心计很深的人，事事想占别人光的人，刁蛮、圆滑或是刚愎自用的人，是永远达不到陶玉玲那种真正的清纯、甜美的。这正是陶玉玲"弱势中的强势"。陶玉玲的清纯、甜美源于她的清纯、甜美的外表，更源于她清纯、甜美的内心——她性格的原点。也正因此，当黄宗江在为《柳堡的故事》推荐"二妹子"时，在南京军人俱乐部门口看到吃冰棍的陶玉玲，一眼就认定：就是她！王苹追到东海的小岛，看到肿了一只眼的陶玉玲，也立刻认定：就是她！

中央电视台主持人朱军曾经数了数陶玉玲在《柳堡的故事》中的语言，竟然只有 120 多个字。但在亿万中国观众中，却留下了永远的清纯与甜美。

20 世纪 50 年代电影歌片

近年，在中国流行一首歌叫《青藏高原》，其中一两句歌词很能用来刻画陶玉玲：

难道说，还有无言的歌，还是那久久不能忘怀的眷恋……

陶玉玲的表演艺术就是一首无言的歌，她首先是一种与生俱来并且未曾浊化的天性，同时又内涵着刻苦锤炼的积累。看似不经意、无技巧，却必须有那种恰到好处的自然流露。她具体地历史地落到那样一个年代的那样一部作品、还有那样一首歌，在群星闪耀的时代，放射出自己独特的光芒。是年轮，是DNA，也是指纹，不可复制。

二 从华东军政大学到
前线话剧团

六朝古都南京。从宋、齐、梁、陈到明朝到民国，这里既有历史的厚重，又有江山的灵秀。

从中山门到中山陵，到处都是郁郁葱葱的林木。有争奇斗艳的梅花山，宏伟典雅的明孝陵，古拙的灵谷塔，巍峨壮丽的中山陵；更有钟山如龙，带着茫茫苍苍的国家森林公园盘旋在头上。

华东解放军艺术剧院乃至后来的前线话剧团便坐落在其间，陶玉玲先后在这里生活了三十多年。陶玉玲是如何来到了这里？

第一个人生关头：苦没苦跑

1949 年，陶玉玲上初二，陶家的日子已经艰难到真正付不起学费的地步。但也就是这个时候，1949 年 4 月 23 日，人民解放军解放了镇江。

在上海，人民解放军有着秋毫不犯人民群众，睡在马路上的经典故事。在陶玉玲所在的学校里，也住满了解放军，有不少就住在操场上。与以前的兵非常不同的是这些兵非常和气，平易近人。陶玉玲与她的小伙伴们没几天就开始跟他们

华东军大三总十二团十四中一分队
全体合影 1950.2.26.

学唱新歌、打腰鼓、扭秧歌。又没有几天就自编自演了小歌舞，来歌颂解放军。

令陶玉玲震撼的是解放军文工团演出的歌剧《白毛女》。陶玉玲一边看一边哭，那里面的内容在不知不觉中使陶玉玲产生了对解放军的信任与对解放军事业的向往。

受教陶玉玲唱新歌、打腰鼓、扭秧歌的可亲可近的解放军，以及《白毛女》中喜儿翻身得解放的影响，再加上现实中家里已根本付不起学费，这一切都促使陶玉玲产生了参军的念头。

机会来自于华东军政大学到镇江招生。在这之前有一个前车之鉴，堂妹陶丽芳前几天曾考上解放军的一个文工团，但是她妈妈硬把她拉了回去。陶玉玲于是

军政大学同学合影

瞒着妈妈就与几个同学一起去报名参加华东军政大学。同去的有七八个人，有男有女，大多是高中生，但也有像陶玉玲与邻居汪传媛这样的初中生。条件是年满18岁，可陶玉玲与汪传媛却只有14岁，于是谎称有18岁。主考官对年龄要求似乎并不严，反而劝大家考试不要紧张。当时参加考试的有大学生，也有高中生、初中生，录取标准很难统一，主要是看革命热情。果然榜张出来后，陶玉玲与汪传媛都被录取了。

然而陶玉玲还是怕妈妈不同意，于是先给二姐陶玉平打电话，陶玉平是同意的。通过陶玉平再给妈妈做工作。

妈妈来到营地，营地在一个大庙里，很简陋，就在地上铺上芦席当床，被子都是各人家里带的，放在一起五颜六色。吃饭时大家围着一个大盆，挺热闹但有点乱哄哄的。妈妈看到了伤心地哭起来。但是家里已没有办法供陶玉玲上学，人太小又不可能找到工作。再加上陶玉平讲了一些道理。妈妈最后还是很不舍得地同意了。

告别镇江那天，家家的亲朋都来送别。不管怎样都是小小年纪要远走他乡，多少还有些前程未卜的感觉。有一个大嫂首先放声大哭，大家跟着哭成了一片。

陶玉玲一行先出发到苏州，又从苏州到无锡、常熟，住的是双层床，吃的是小米饭，对出身江南的孩子来说已经是很苦。每天 5 点起床，10 分钟必须打好绑腿，生活很紧张，在一些自由惯了的学生看来还有些枯燥，甚至也不知道前途在哪里。后来又从常熟步行军到达南京，大约有四百多里路，第一天脚上就起了水泡，一拐一拐还要保持速度，不少人都快拖垮了。到了南京，几个男生偷偷跑回了镇江。这几个男生因为怕找了女生跑不成，所以没有通知陶玉玲与汪传媛。

这个时候对于陶玉玲来说，其实是第一个历史关头。如果陶玉玲也吃不了苦跑了，或者让男生硬拉走了，也就没有后来的《柳堡的故事》、《霓虹灯下的哨兵》的辉煌，没有二妹子与春妮的家喻户晓。

"两忆三查"在江苏省无锡农村

华东军政大学文训班师生合影，前1排左2陶玉玲（右页上方为个人放大图）

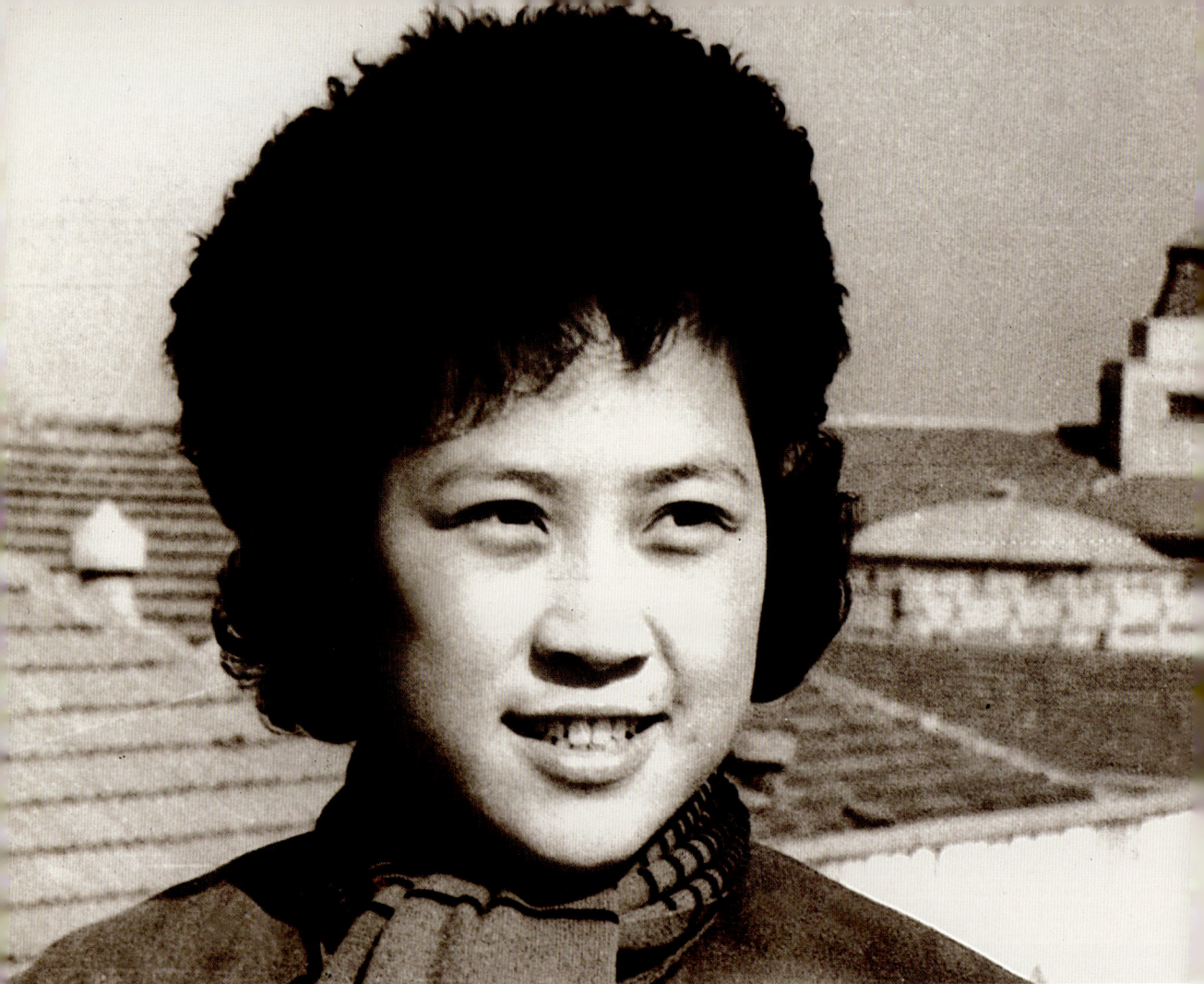

　　这其实是陶玉玲生命主旋律的第一支歌。男生跑了之后，陶玉玲仍然是可以跑的，但她没有。在这里陶玉玲初次表现了她吃苦耐劳、倔强奋进，不达目的不罢休的一面。步行行军四百多里，跟随成年男子又不能掉队，对于一个14岁的城市姑娘来讲是一个超负荷的考验。她面临的局势其实有些悲壮：一边是苦与枯燥，一边是家里真的已经供不起她。她是一个懂事的孩子，她知道如何为家里挑重担。这时候她在家里能干活、能吃苦的一面开始起作用。她适应了生活的艰苦、纪律的严格，咬牙度过了长途行军的磨练。而且，她入伍两个月就因表现出色而入了团。

陶玉玲与姜曼璞

第一轮幸运："遭遇"一群艺术大师

如果说没有被艰苦吓跑靠的是陶玉玲的坚持与倔强，那么一进华东军政大学文艺系与军艺剧院就"遭遇"一群艺术大师，便可说是陶玉玲的幸运。

陶玉玲在华东军政大学预科上了半年。开学第一天，就听校长陈毅元帅讲了第一课"为人民服务"。在半年期间接受了部队的各种训练，学习了社会发展史。毕业后被分配到文艺系。系主任便是艺术水准非常高的吴仞之，吴仞之很早就是上海四大名导演之一，后来又成为上海戏剧学院院长，拿今天的说法是大师级的艺术家。吴仞之作为陶玉玲的第一位专业启蒙老师与恩师，给陶玉玲和她的同学们讲授了斯坦尼斯拉夫的体系、表演艺术的基本原理与基本技巧。包括舞台美术设计、灯光、音响、化妆等，并安排她们进行实物练习、排练哑剧小品。本来文艺系是一个训练班，一年就毕业了，吴仞之又把陶玉玲留下当辅导员。所辅导的学员都是各地来的文艺骨干，有许多是比陶玉玲年纪大得多的很有表演艺术经验的名演员。如文卜东、于纯锦、景慕奎等，这些学员对只有16岁的还是半大孩子的陶玉玲开玩笑说，"我们到（导）了，你扶（辅）得起来吗"？陶玉玲后来说，其实这段时间的主要收获还是向这些学员学习到了许多表演艺术的东西，是以"老师"的身份当学生。

从进入文艺系到当辅导员。陶玉玲在吴仞之等的教授引导下，从理论到实践打下了扎实的表演艺术基础。

更加幸运的是，1952年，陶玉玲17岁的时候，被调到向往已久的华东三野解放军艺术剧院。解放军艺术剧院可谓是人才济济，有许多名导、名演员。有在上海等地本来就很有名的导演、编剧、演员，也有很多从老解放区来的突出人才。院长是沈西蒙，政委与副院长还有沈亚威、张泽易、李永怀、王啸平等。团长是阮若珊，演员有上海来的蓝马、黄宗江、白文、丁尼、赵秀容、李恩琪等，老解放区来的与抗美援朝回来的莫雁、宫子丕、吴斌、刘川、杨履芳等，剧院原有的有如志娟、梁泉、姜曼璞、李传弟等。而且解放军艺术剧院还不断邀请南北的名师来，包括苏联的名师来上课。

可以说，陶玉玲一下子进了一个艺术圣殿。在这里，只要跟得上，就可能出成绩。

也就是从这时候起，陶玉玲开始上台演大戏，先后担任了《人往高处走》、《刘连英》、《东海最前线》三部话剧的主角与重要角色。在这一过程中，陶玉玲不断学习、体验、探索，可以说经历了一个综合性的成长过程，也闪烁出最初的

陶玉玲与军政大学同学

光彩。

陶玉玲主演的第一部话剧是《人往高处走》，而且一上来就演女主角秀梅。这一部戏总起来说是不够成熟。剧中只有一个演二流子的刁六演得比较成功。有一个演员见了这个刁六就笑场，而且笑个不停，导演后来生气了，命令他到外边去跑步。全体都等他跑完回来再接着排，结果他跑了几圈回来一见刁六还是忍不住笑。最后没办法，他只好自己打自己几个耳光，才算忍住了。在这部戏中，陶玉玲自认为自己也演得很一般。主要是普通话不过关，镇江口音很重。但不管怎样有了起步，而且一起步就是演主角。

第二部话剧是《刘连英》，在这部话剧中陶玉玲扮演王娟，人物塑造的比较成功，比《人往高处走》的秀梅向前跨了一大步。

《刘连英》的导演是茹志娟的爱人、上海作家王安忆的爸爸王啸平。他非常严厉，在刚刚执导完的另一部戏中换掉了女主角，这位女主角为此非常难堪。陶

35

玉玲因此非常害怕,生怕饰演不好被换掉,因而非常努力地领会导演的意图,找感觉,找戏眼,努力按导演要求做到情真意切。

王娟是一个撮合男女主角爱情的角色,令陶玉玲想到了《西厢记》中的红娘。于是她多次到夫子庙去听王少堂的评书《红娘》,到大行宫剧院去看昆曲《红娘》,从传统艺术中吸收养分。结果这个王娟演得很富创造性,生动活泼。著名电影演员张平曾评价说,是全国各剧团中演得最好的,当时的团长阮若珊还专门写过评价,认为这是一个演得很成功的角色。

令陶玉玲在话剧方面打响全国的是《东海最前线》。这个戏是在到东海前线体验生活之后,由队长白文创作的,陶玉玲在其中演女主角杨赛英。因为表现了解放台湾的主题,被调到北京去为全国人民代表大会代表演出。因为要为全国人大代表演出,必须提前一个月进京审查、修改。在北京,第一次演出就遭到了批评,最严厉的是说陶玉玲的表演"做英雄状"。陶玉玲一方面感到委屈,一方面几乎失去了信心。一再向导演提出赶紧换人。党支部给陶玉玲做工作,告诉她"做英雄状"并不是演砸了,只要抓紧改进,是可以演好的。

总政方面则组织各方面力量对《东海最前线》剧进行会诊。特别是让黄宗江和莫雁参加指导排练。黄宗江把陶玉玲与杨兆权(戏中演杨赛英的恋爱对象)一起带到住地后面的山上,指出演爱情戏不能冷冰冰硬梆梆,要有与生活中一样的真实的柔情。英雄人物对敌人要有气节气概,但对亲人尤其是对情人则要有常人的情感。莫雁对每一个细节都做了重新分析安排,重点的地方都准备了潜台词,提出陶玉玲要有银铃般的笑声。

经过精雕细琢,《东海最前线》剧有了质的飞跃,而陶玉玲的表演水平也上了一个新台阶,后来演出效果非常好。先后在北京、南京、安徽、浙江、福建演出,从1959年一直演到1962年,演出了一百多场。陶玉玲与男主角杨兆权的剧照上了《戏剧报》的封面。

话剧《霓虹灯下的哨兵》剧照

带职下连当兵：至关重要的山东农村生活

在解放军艺术剧院，有一件至关重要的事情必须提及，那就是陶玉玲初到剧院时并没有立即上台演出，而是首先被放到山东的淄博农村带职下连当兵。先是在张店，属于26军的一个连队。

下连队主要有三件事，一是同战士们一起训练，摸爬滚打；二是当文化教员，教战士们识字；三是帮助连队搞宣传。但对陶玉玲来说，更重要是住在老乡家，体验到了老解放区人民的情感。

这是陶玉玲第一次真正在农村生活。那时候农村没有电，到了晚上四处一片漆黑，伸手不见五指，一片沉寂，一点声音也没有。只是偶然看到几户人家有星

星点点的灯火，小小的很暗淡的油灯或蜡烛。以及偶尔传出令人心颤的狗叫声。在黑夜里行走，常常害怕突然窜出来一条狗，把腿咬破。

有一次，陶玉玲在暗夜中路过哨岗，突然听到哨兵大吼"口令"，陶玉玲吓了一大跳，把口令吓忘了。以后再走近哨岗，远远地就喊："喂，同志，我回来了"。

在张店，陶玉玲住在一个双目失明的老大娘家。老大娘的亲人大多在解放战争中牺牲了，她本人失去了视力，经济条件也不好。但老大娘待陶玉玲非常好，每天晚上回来，她都把炕烧好，准备好热水，有时还在灶里烤些地瓜。那地瓜烤得焦焦的特别香。陶玉玲也帮着收拾屋子、挑水。学会了摇辘把汲水，还学会了干一些庄稼地里的活。老大娘与乡亲们经常讲述山东老解放区人民怎样推着小车，千里迢迢支援解放区南下解放全中国，有的村所有青壮劳力都上了前线，都是自愿的。大家都懂得只有解放全中国，穷人的好日子才能巩固，国统区的老百

南京军区前线话剧团

姓才能过上好日子。

陶玉玲在山东带职下连当兵只有半年，但这半年至关重要，不仅使她熟悉了农村，沾染了"村姑气"，而且帮助她理解了老解放区的人民是什么样的，为今后出演《柳堡的故事》与《霓虹灯下的哨兵》打下了必不可少的基础。

也可以说，陶玉玲就从这里开始，由一个镇江的大家闺秀、上海的小家碧玉，渐渐变成亿万观众心目中的"村姑"。其中春妮，活脱脱就是从山东来的妇女队长。

"两忆三查"在江苏省无锡农村

陶玉玲画传
中国表演艺术家传记丛书

中国电影 百年影星
CENTURY MOVIE STARS OF CHINA FILM
1905-2005

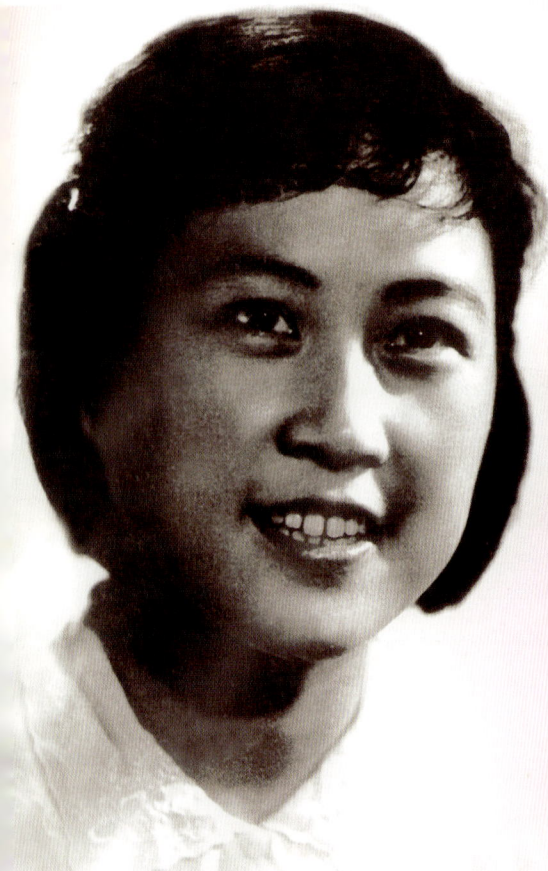

Tao Yuling
陶玉玲

三 柳堡的故事
——九九艳阳天

江苏省宝应县柳堡乡。这里虽然地处江北，却是长江三角洲典型的水乡。这里有一望无际的肥沃的原野，纵横交错的湖塘河流，静谧安宁的村庄。

　　春天，这里先是"春江水暖鸭先知""蒌蒿满地芦芽短"，然后便有"蚕豆花儿香啊麦苗儿鲜"。插秧的时候，"青箬笠，绿蓑衣，斜风细雨不须归"。夏天这里便是"稻花香里说丰年，听取蛙声一片"……

　　随处可见的小河边有成荫的垂柳，摇曳的芦苇，木板搭成的古朴的小桥，用双桨划或是用橹摇的小舟，咿咿呀呀的风车……

　　为了拍摄电影《柳堡的故事》，陶玉玲在这里生活了一年多。这一年多的生活，还要从"伯乐千里追马"说起。

导演：
主演：

《卯径的故事》剧照

《柳堡的故事》剧照

被发现：伯乐千里追马

1956 年，胡石言与黄宗江创作了《柳堡的故事》，由八一电影制片厂拍摄，导演王苹开始到处物色女主角二妹子。

胡石言、黄宗江都是前线话剧团的编剧，对陶玉玲是熟悉的，对陶玉玲演的王娟都有深刻印象，尤其是黄宗江，在排演《东海最前线》时，还辅导过陶玉玲。有一天，黄宗江在南京军人俱乐部门口巧遇陶玉玲，陶玉玲正拿着一根冰棍在啃，远远望去是那么质朴、天真，黄宗江在心里暗暗地说，踏破铁鞋，却就在眼前，就是她！

第二天，黄宗江和胡石言一起就向王苹推荐了陶玉玲。黄宗江与胡石言的眼界都是很高的。王苹一听就为之一震，带着曹进云、严碧君、蔡继胃、殷乔芳等一班人马赶到南京来面试。可是一到南京，就听说陶玉玲去杭州演出了，赶到杭州又被告知去了舟山群岛，王苹一行便追到舟山群岛，结果又被告知去了更小的一个小岛岱山岛。王苹一行便又风尘仆仆赶到了这个小岛，可谓是一路追踪。

当王苹见到陶玉玲的时候，陶玉玲因为连续演出劳累加上化妆感染，左眼肿得很大，肿到看不见路，成了独眼龙。因为无人替换，还在坚持演出。

王导见了陶玉玲除了交谈，由摄影师曹进云、蔡继渭、殷乔芳拍了许多照片。拿回北京八一厂去研究，厂里很多人看了照片说，天南海北地找，怎么找回个"独眼龙"。王导却在会上说。这个演员尽管是一个"独眼龙"，但是她有一种遮不住的质朴、清纯，尤其是"甜"；在所有见过的演员中，最符合二妹子这个角色的要求，就这样，陶玉玲"幸运地"走上了银幕。

后来陶玉玲说，拍电影是我过去想都不敢想的事情，我一向崇拜电影演员，床头上贴着许多苏联影星，像玛鲁斯卡娅的照片，包括田华演的《白毛女》的照片，但是我总觉得这是很遥远、很神秘的事情。一下子真的要去拍电影了，像做梦一样，既兴奋又不安。

田园牧歌式的革命爱情片

电影《柳堡的故事》讲的是抗日战争

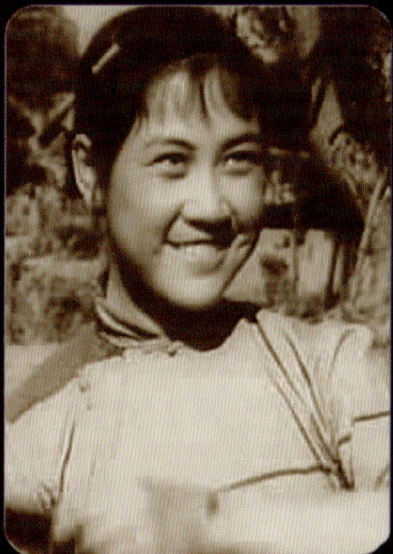

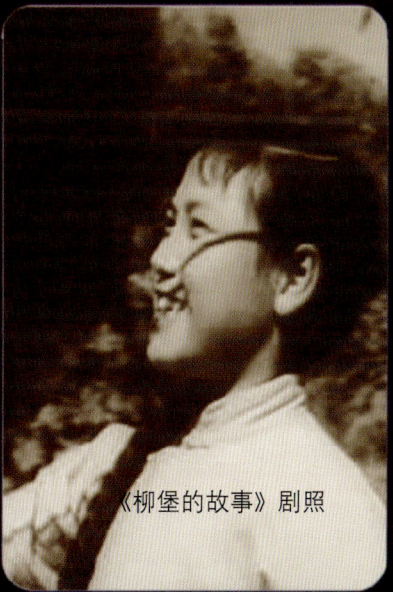

《柳堡的故事》剧照

时期发生在长三角水乡苏北宝应县柳堡乡的故事。土生土长的二妹子与进驻柳堡的英俊新四军副班长李进一见就产生了微妙的感情。部队是不允许谈恋爱的，指导员对李进做了工作。但是后来听说伪军中队长刘胡子与汉奸地主王掌柜要对二妹子逼亲。与战友们一起救回了二妹子，俩人的感情进一步发展。

李进一度想转到地方，与二妹子过和平的日子。在指导员的帮助下，最终选择了继续跟队伍出发去打鬼子。二妹子对李进表达了"哪怕你此一去千万里，哪怕你十年八载不回还"也要等你的深情。四五年后，李进与二妹子在柳堡重逢，此时李进已是连长，二妹子也参加革命成为地方干部。

这个故事看似简单，但在当时有四个很不一般的地方。首先它是军事题材中第一部爱情片，半个世纪后香港的导演看到《柳堡的故事》，惊呼想不到中国大陆怎么早就有这么好的爱情片，而且这个爱情还有一种难以言表的缠绵。第二就是影片中有一个清纯、甜美、羞涩的二妹子。二妹子独特的"无言"的表演，散发着一种使人难以忘怀的魅力。第三就是那首叫做《九九艳阳天》的插曲，歌词意味深长，旋律非常优美动听，久唱不衰。第四是发生在一个如诗如画的水乡，这我们在本章的开头已作了描述。如斯的小桥、小舟、杨柳、芦苇、风车、蚕豆花儿……人物、情感、风景与令人陶醉的音乐构成一种田园牧歌式的意境。

从生活到技巧：特殊的学习式拍摄

《柳堡的故事》拍摄地宝应县柳堡乡在20世纪50年代交通很不方便，去一趟光路上要花3天时间，要从北京坐火车到南京，再从南京坐汽车到盐城，最后从盐城坐船到柳堡乡。船是用纤夫拉纤的方式，很慢。片子前前后后拍了一年多。

这一年多时间虽然显得很长，但却给了陶玉玲一个非常完整的体验生活与学习培训的机会。

首先是充分的熟悉长三角水乡农村生活的机会。长三角水乡农村与北方山东

《柳堡的故事》剧照

的农村是很不一样的，这里更适合陶玉玲江南女子的情调。陶玉玲到这里后住在柳堡的老乡家，同柳堡的老乡一起生活。学习割麦子、插秧、划船、拉纤、捉鱼、包粽子……一年下来，陶玉玲几乎就成了一个地道的水乡妹子。可以说漫长的一年多的拍摄过程，就是她体验生活的过程。

其中比较难的是学划船，柳堡乡的船是用双桨划的，就像大家在《柳堡的故事》中见到的那种。陶玉玲与柳堡的农村姑娘成天泡在一起，她们去干农活，她也跟着去，她们做饭，她也跟着去，一有空就请她们教她划船。陶玉玲从一开始拿不住桨，到渐渐能划动，到最后能熟练地驾驶。前前后后学了近一个月。日晒雨淋加上经常弄得浑身泥浆，陶玉玲混在柳堡的姑娘们中间，已很难分出谁是谁。

更重要的是在一年多的时间里，在王苹导演手把手的悉心指导下，一点一点进入了电影表演艺术领域。王苹导演一样一样地告诉陶玉玲电影与话剧不一样的地方，从电影基本理论到基本技巧，到每一个关键的形体动作，一点一点地讲解、设计。

陶玉玲是初上银幕，一切都要从头学起，对王苹所有的安排、指导，都能仔细领会，认真贯彻，"超额"完成，一遍一遍地练习。她有一句口头禅"两遍总比一遍好"。

有一场戏，小牛逗二妹子，谎称说副班长要走了。二妹子顺手想打小牛一巴掌，可一抬手又不忍心了。演了几遍王导都不满意，王导耐心地启发：要去掉话剧表演的痕迹，要自然、朴实，做到水到渠成。这样一指导，"二妹子"就领会了。这是一个从话剧到电影转换的细节，类似的还有很多。

王导还特别注意帮助陶玉玲发掘人物情感的内涵。直接的情感是二妹子要与命运抗争，要寻找出路。更深刻的是抗日与解放的事业。这时候，陶玉玲在山东体验到的老解放区人民的情感起了作用，帮助陶玉玲从总体上找到了人物的定位。

关键的一场戏是副班长在二妹子家养伤。二妹子去为他送水。王导启发说：

《柳堡的故事》剧照

部队不在了，两个情窦初开的人在一个屋子里，肯定会既兴奋又紧张。后来的处理是，二妹子在对副班长递水时因为窘迫，把水泼在了地上；马小宝进来，撞见二妹子向副班长递水，慌忙说是来领手榴弹的。这场戏演得惟妙惟肖。陶玉玲正是从这场戏开始找到了感觉。

最经典的情节是：部队打了胜仗，副班长要回来了，二妹子非常兴奋，对着镜子梳头。这时候王导提醒说："再加点糖"，就是要二妹子比平时更甜一些。二妹子拿了一枝花往头上插，非常甜美又非常羞涩地对着镜子笑起来。这一个镜头后来上了许多报刊，也上了一些杂志的封面与演出海报。

《柳堡的故事》的成功是与王导的悉心指导分不开的，但也充分体现了陶玉玲特有的突出的灵性。王导这样评价陶玉玲：

小陶在摄影机前，表演的分寸感觉掌握得真是恰到好处。这个初上镜头的小姑娘不同凡响，她的机灵劲，她的悟性令我吃惊。她对导演的现场提示理解很快，她在摄影机前的站位的本领使我吃惊。如果需要从全景向近景走来，她常常一步不会走错。这一点许多老演员都很难做到。

20世纪50年代场地与设备都很简陋，演员站位全靠自己揣摩，小陶经常用不到提示，恰到好处地走到最佳"站位"。只要我把意图一说，她立刻会心领神会，逼真、形象地表演出来。

小陶能够准确地捕捉女孩子独特的心理，淋漓酣畅地表示人物的内心世界，做到形神兼备。

小陶的勤快与能吃苦是出名的。有一个二妹子被坏人拖着跑的镜头，由于当时设备简陋，推拉车跟不上，一共拖了七遍，小陶脸都被拖白了。我担心再拖下去把骨关节拖坏了，就想下一次再来。小陶却带着满头大汗非常疲惫地说："没关系，王导，再来一次，再来一次"。

前线话剧团的莫雁是一位高水平的编剧，他对陶玉玲的评价与王苹非常类似：

小陶演戏分寸感特别强，很有灵气，导演一点她就透了，由于她下了功夫，

《柳堡的故事》剧照

语言上跟李恩琪学，对台词的处理真是达到了炉火纯青的地步。她用虚实结合、以虚托实、一虚一实的方法处理台词，简直是妙不可言，谁看了她的戏都点头称是。

王苹不仅导了《柳堡的故事》、《霓虹灯下的哨兵》，还导了《闪闪的红星》等多部经典电影，是一个少有的高水平女导演；莫雁是《霓虹灯下的哨兵》的编剧之一，她（他）们对陶玉玲用了"令人吃惊"、"不同凡响"、"酣畅淋漓"、"形神兼备"、"炉火纯青"、"妙不可言"等词，可见陶玉玲虽然貌似"笨"，虽然一直低调，但她会通过自己的刻苦努力走向高水平的表演，并会在最关键的时刻表演她特有的灵气、悟性，创造出令人吃惊的经典。

整部电影中最唯美的一段，其实是打下蒋桥后二妹子晾衣服的一段。二妹子一边唱《九九艳阳天》第三段，一边晾衣服，一连串清纯、甜美的微笑，再加上一甩辫子，充满了韵味。陶玉玲是初次拍电影，这一段表明她其实是一个天生拍电影的材料。这种极其自然、充满韵味的表演硬学是学不到的，而她拍第一部电影，很快就悟到了。

不是结尾：柳堡至今还有故事

电影《柳堡的故事》中柳堡的地名在生活中是真实的，电影《柳堡的故事》就是在江苏省宝应县柳堡乡拍的。后来柳堡乡成立了"二妹子"女民兵班，被江苏省命名为模范民兵班，请"二妹子"陶玉玲当名誉班长，已经有十三届。陶玉玲几乎每年都要来到这里参加相关的活动。电影《柳堡的故事》使柳堡成为了陶玉玲的又一个家乡。

《柳堡的故事》剧照

《柳堡的故事》剧照

20 世纪 50 年代电影歌片

陶玉玲
TAO YULING

《柳堡的故事》剧照

热烈欢迎著名艺术家回柳

1992 年重回柳堡；下图左为作者胡石言

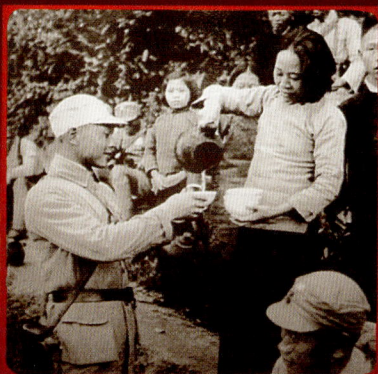

1992 年重回柳堡

四　把毛主席看哭了的双经典：
《霓虹灯下的哨兵》

《霓虹灯下的哨兵》剧照

大上海。这是中国近代以来最繁华的大城市，拥有中国第一路的南京路。也正因为最繁华，最突出地显现了中国共产党进城后必须反腐倡廉的主题，20世纪 60 年代，在这里出了一个有名的"南京路上好八连"，好就好在反腐倡廉。

这里也是陶玉玲童年成长的地方。1963 年，陶玉玲回到这个曾经熟悉的城市，解读中国第一繁华的南京路，参加拍摄以反腐倡廉为主题的电影《霓虹灯下的哨兵》。

《霓虹灯下的哨兵》剧照

春妮：一个为陶玉玲量身定制的角色

《霓虹灯下的哨兵》是根据上海警备区"南京路上好八连"的事迹创作的，最早是话剧。是由陶玉玲所在的前线话剧团的沈西蒙、莫雁与上海警备区的吕兴臣编剧。与《柳堡的故事》不一样，戏中的春妮就是照着适合陶玉玲演出的类型写的。

据编剧之一莫雁说，1963年春天的时候，他在苏州为《霓虹灯下的哨兵》改最后一稿，写信给陶玉玲，让她准备出演《霓虹灯下的哨兵》中的春妮，并告诉她戏中的春妮就是根据她的特色与气质写的。

可是在这时发生了一件事，那就是团里已经开始重排《东海最前线》，准备再次演出。《东海最前线》是陶玉玲真正的话剧成名作，当时在全国打得很响，演出效果很好；而且在谁演春妮主角问题上，团里也有不同意见。团里还有一个演员叫诸家槐，她的身材比陶玉玲高，也很秀气，表演上也很有灵气，团里有的人认为她的条件比陶玉玲还好。

莫雁及团里的领导对陶玉玲出演春妮作了再三推敲。莫雁他们认为，诸家槐可以演B角，陶玉玲与诸家槐各有所长，但是陶玉玲在气质上更接近一个农村妇女干部，在演技上拿捏分寸也会更好一些。于是，莫雁给陶玉玲写信说：我们等你回来排戏，如一时回不来，我们就暂时不排。

后来莫雁说，这个选择真的十分正确，陶玉玲后来将角色演得出神入化，真实脱俗。

《霓虹灯下的哨兵》剧照

至今仍应长鸣的警钟

　　《霓虹灯的哨兵》讲的是人民解放军解放上海后一支驻扎在南京路上的连队，抵制大城市繁华生活的腐蚀，保持人民解放军本色与艰苦奋斗传统的故事。其中有关春妮的戏主要是：驻守南京路上的部队的排长陈喜与在老家担任妇女队长的春妮是一对夫妻。结婚仅仅3天，陈喜就跟着部队南下参加解放全中国的战争，生死未卜。3年以后，春妮听说陈喜在上海喜出望外，就到上海来看陈喜，结果陈喜进上海以后受到繁华城市生活影响，开始变心，嫌春妮土气。让刚到的春妮赶快回去，把当年的订情物——绣着鸳鸯的针线包都扔了。后来经过做工作，陈喜认识到了自己的错误，俩人重归于好。

　　今天看过去，尽管时势有了很大推移，但是《霓虹灯下的哨兵》所提出的"反腐倡廉"的主题，对党和国家的巩固与发展，仍然有着极其重要的意义。中国共产党取得政权后，如何保持战争年代艰苦奋斗的本色，保持与广大劳动人民的亲密关系，如何坚持社会主义方向，成为一个生死成败的关键。2011年，温家宝总理在"两会"新闻发布会上说，当前最大的威胁是腐败。

　　春妮有一段话，正好可以诠释温总理的担忧。陈喜把春妮气走之后，春妮给指导员写了一封信，信中指出陈喜扔掉了三个东西："把部队的老传统扔掉了，把解放区人民的心意扔掉了，把他自己的荣誉扔掉了"，这三个"扔掉"了，仍是当前党和国家面临的最严峻的课题。

《霓虹灯下的哨兵》剧照

被称为"炉火纯青"、"妙不可言"、"出神入化"的表演艺术

陶玉玲出演《霓虹灯下的哨兵》时，艺术上更趋于成熟。已经到了高水平编导为之量身打造的程度。然而陶玉玲面临的却是双重严峻的考验——打造经典的话剧与打造经典的电影。

先说话剧。陶玉玲后来写了一篇叫做《激情、分寸、体现》的长文，叙述扮演春妮的体会。

一是对于剧本的整体的深入的领会。陶玉玲并没有仅仅局限剧本中有的内容，而是构想了远远大于剧本的潜在相关内容；在与陈喜的感情线上，有青梅竹马的爱情，有在家乡的共同战斗的生活；在大主题的线上，陈喜的变化是整个人城解放军的危险的信号，是一个震撼人心的主题。

二是投入乃至沉浸到规定情节中，体验角色内心的活动。一开始春妮初见陈喜缺乏激情，兴奋不起来，导演要求"一头扎在陈喜怀里，抱住他"。可陶玉玲怎么也做不出来。后来陶玉玲在导演指导下，专门排练了"戏外戏"：春妮在硝烟弥漫的战场上抢救受伤的陈喜的小品，积累激情，专门去想象3年来对陈喜日思夜想的情景，最后激情自然诞生，爆发得非常奔放。

三是虚实分寸的把握。例如陈喜在春妮缝衣服时把线扯断了。陶玉玲没有把它解读为"爱情关系断了"那种实，而是理解为陈喜急于去上岗，但也表现出陈喜对她有了一定隔膜。实事用了虚处理。第三场春妮处在极大悲痛之中，见到老同志、老熟人洪满堂大爷便委屈地爬在墙上哭了，但并没有放声大哭，用肩膀的抽动来处理。

四是内心体验与外部形式的关系。陶玉玲认为要有深刻的内心体验，也要有精湛的形体动作、语言、人物造型。例如春妮刚到上海、陈喜就嫌春妮土气要她回去，陈喜说，"你明天就走，好不好"，春妮根本不相信，一面不停的缝袖子，

《霓虹灯下的哨兵》群谱图

一面笑着抬眼瞅了瞅陈喜，先是一条腿搭在床沿，接着两条腿盘起来，意思是你在逗我。

五是语言功夫。春妮临走时给指导员写了一封信，这封信春妮是在幕后读的，读得荡气回肠，从第一段的克制，到第二段的动情，再到第三段的沉重与痛心，感动了无数观众，许多观众包括党和国家领导人都落下了眼泪。经常是满场一片唏嘘。

对于这五点，编剧和导演用了"炉火纯青"、"妙不可言"、"出神入化"、"令人吃惊"来形容。

轰动全国——毛主席在观看过程中两次潜然泪下

1963 年，《霓虹灯下的哨兵》进京演出。周总理看了第一遍后说，他激动得直到晚上连睡都睡不安稳。为了改得更加完美，先后看了六次。边看边想，给导演提出意见，还亲自请首都的戏剧家如夏衍、田汉、曹禺、张颖都来看戏提意见。当时，全国已有很多话剧团在演《霓虹灯下的哨兵》，可以说已经轰动全国。

在修改到感到满意之后，周总理向毛主席作了推荐。

1963 年 11 月 29 日，前线话剧团到中南海怀仁堂演出。演出前，毛主席接见了编剧沈西蒙、团长张泽易，毛主席对他们说："我名誉不太好啊，都说我不看话剧"。可是这一次毛主席大不一样，专门嘱咐说："告诉他们，中间不要休息"。毛主席一上来就被抓住了，有时刚划一根火柴，被剧情吸引忘了点烟。演出结束之后，毛主席上台接见演员，走了好几个来回，同每个演员都握了手，并发表讲话说："这是一出好戏，写得好，演得好。你们如果不熟悉生活，看来是写不出来的，也演不好的，话剧还是有生命力的"。

前线话剧团团长、《霓虹灯下的哨兵》的编剧之一、当时陪同毛主席看戏的沈西蒙，在事后回忆说：在看戏的过程中，"毛主席两次用手在脸上抹眼泪"。有

重唱《九九艳阳天》

关毛主席的这些报道，分别刊登在《人民日报》1994 年 1 月 15 日第 8 版与《北京青年报》2007 年 6 月 6 日 B8 版。

从话剧到电影：上海人民的支持

1963 年，周总理专门约见夏衍、沈西蒙、莫雁等人，指示将话剧《霓虹灯下的哨兵》改变成电影。由上海电影制片厂和八一电影制片厂联合摄制。导演是导演《柳堡的故事》的王苹与上影厂的葛鑫。

陶玉玲在电影《霓虹灯下的哨兵》中的表演，用王苹的话说是："导演一点她就心领神会了，用不到过多的提示叮咛"。因为主要演员都是话剧演员，有不少过去没有拍过电影，因此导演主要强调去掉话剧表演的痕迹，充分生活化。而陶玉玲因为拍过多部电影，可以说轻车熟路，演得非常出彩。陶玉玲在电影中的戏不是最多的，但几乎所有的观众都牢牢记住了陶玉玲。

电影拍摄过程成了上海的一件盛事，上海人民和上影厂给予了大力支持。老百姓来演群众把自己箱底的衣服都拿出来，形成了刚刚解放南京路的风景线。拍支援抗美援朝那场戏时，南京路戒严。上影很多老演员都来演群众角色，一句词没有，但由于他们的参与，一看就是上海滩。

一直到现在，南京路上好八连仍然与《霓虹灯下的哨兵》的演员保持密切的联系。欢送驻港部队时邀请陶玉玲、马学士出演陈喜、春妮。"当代军人道德组歌"晚会邀请陶玉玲以春妮的身份参演，并且受到了江泽民同志的接见。好八连命名 40 周年纪念会时，陶玉玲、马学士、刘鸿声、袁岳等仍然是以剧中角色的身份参加上海警备区庆祝会的演出，受到了徐才厚同志的接见。

后来上海电视台重拍《霓虹灯下的哨兵》，由倪萍出演春妮。

参观"南京路上好八连",左1为张泽易团长

参观"南京路上好八连"

欢送驻港部队

五　从"南通六年"到走进
　　八一电影制片厂

江苏省南通市。一个不大但美丽的城市。这里是黄金海岸与黄金水道的交汇点。被称为"扬子第一窗口"。历史悠久，物产丰富，文化深厚。诞生了中国近代第一所师范学校、第一所纺织学校、第一所戏剧学校。陶玉玲在这里整整待了6年。

南通六年，平凡而不平凡的生活

1966年，"文化大革命"爆发。陶玉玲作为"三名三高"文艺黑线的宠儿受到了冲击，《柳堡的故事》被批判为宣传"人性论"的作品，二妹子被加上破坏部队纪律、瓦解部队战斗力的罪名。更严重的，有一天军区突然下令，除留少数人外，十八级以上干部去农场劳动，其余人员复员。陶玉玲一下子懵了。因为她十九级，在复员之列。陶玉玲的丈夫黄国林是十八级，要被安排到边远、荒凉的大有农场。夫妻俩经过商量，要求一起到南通去。陶玉玲复原到南通晶体管厂，黄国林到位于南通的江苏生产建设兵团4师24团农场。

陶玉玲被分配到南通晶体管厂当试用工，在一条流水线上，干十分单调、枯燥的插丝工作。与过去风光的生活形成十分大的反差。但没有多久，陶玉玲就适应了这里的生活。那时候，全国的"三名三高"都在挨整。全国著名的文艺团体除极少几个样板戏团外，都已停顿，短期内也看不到恢复的迹象。比较而言，许多"三名三高"人物被批斗、关押、拷打，有的甚至被迫害致死，陶玉玲能平平安安在这里自由地劳动，已经是不幸之中的万幸。

这时候陶玉玲由来已久的勤劳、能吃苦开始起作用，她自小在家里就以能干活著称，在团里抢着装车、抬布景，下连队为战士一大堆一大堆地洗衣服，洗袜子。这里的活虽然单调，并不算太累，已是工厂里的好工作。很快，陶玉玲就能正常顶班，成为一个熟练工，出色地完成任务，陶玉玲看到那些工人与她一样，只有每月三十几元，都把家庭生活安排得好好的，很乐观地生活。暗自思忖：别

剧照

陶玉玲的孩子及侄女，从左至右为黄晖、黄珊、周云

人能，我也能。即使是一个有知名度的演员骨子里本来也就是一个普通人。

令陶玉玲深深感动的是，生活在普通人中间所感受到的质朴、诚挚与厚道。陶玉玲一到南通，南通市的领导就给她安排了有两间的老式房子，后来又与市委副书记做邻居。一开始干流水线不适应。工人师傅们都主动来手把手教，并经常替她顶班，让她累了就歇歇。她家孩子得了很难治的百日咳，工友们不仅帮她跑医院，而且拿了各种偏方来给孩子治病。

1972年开始，全国有一些文艺团体恢复演出，南通市主管宣传的领导找到陶玉玲，让她到文工团帮助排话剧《常青草》参加江苏省调演。一开始，江苏省不同意陶玉玲参演，后来南通市到省里各方找人做工作，后来干脆就调她任南通文工团的副团长。

南通文工团是个包括话剧、歌舞的综合性文工团，除了在南通本地外，经常

与刘心武、李仁堂、郑振瑶等在一起

在常州、苏州、无锡、常熟及苏北其他地方巡回演出。小集镇、农村都去，条件很差，晚上常常是全团挤在后台过夜。陶玉玲负责排练等业务外，还要负责联系演出，装车、装船、拉纤，有时还协助炊事员买米、买菜、煮面条。这一段生活比工厂还要辛苦，但是陶玉玲说，她感到大家心很齐，干得很起劲，所排的话剧《常青草》、芭蕾舞《红色娘子军》参加省里汇演得到好评，陶玉玲为此感到很欣慰。也因此，她与全团同志、与南通市的工人及领导同志结下了深厚的友谊。

莫里哀《没病找病》女主角

重穿军装——进入八一电影制片厂

　　1973 年国内一些文艺团体陆续恢复，一些演员也开始归队。广州军区文化部副部长李长华，曾与陶玉玲一起演过电影《江山多娇》，他很关心陶玉玲的命运，提出邀请陶玉玲参加广州军区战士话剧团演出话剧《红缨歌》并提出将她调到广州军区话剧团。广州军区干部徐延平跑到了南京军区，南京军区领导说：

与王啸平等在一起

"此人我们还要用"。

1975年前线文工团的领导相继落实了政策，沈亚威、李广忠、胡石言、莫雁都恢复原职，开始议论调陶玉玲。此时陶玉玲正好带着南通市文工团到江苏省参加会演，演出话剧《常青草》，彭冲政委在上台接见时很关心地问陶玉玲："你怎么还没回来啊"？很快陶玉玲被落实政策，第二次穿上了军装，返回了南京军区前线话剧团。

陶玉玲回到团里后当了演员队副队长，第一件事就是重排《霓虹灯下的哨兵》，仍演春妮；第二部戏是《第二个春天》演女主角刘芝茵；第三部戏是《城下城》演居委会主任，《城下城》又一次赴北京参加会演，陶玉玲并获得第四届全军文艺会演优秀演员奖。

在陶玉玲还没有离开南通的时候，陶玉玲的丈夫黄国林就先期被借调到北京参加组织全军第三届运动会，从此黄国林就调到了北京总政文化部文艺处。一家人开始了三地生活（母亲与老大还在南通）。陶玉玲回南京后，因为本来收入不高，又交回了两千多元复员费，经济状况很不好，请不起保姆，每天带着老二到排练场排练，很不方便，遇到了一系列新的困难。就在这时，罗瑞卿大将到团里看望大家。罗瑞卿过去当总长的时候就非常关心前线话剧团，多次来看望过，与大家非常熟悉。这次来团，是坐着轮椅来的。他在"文化大革命"中被迫害双腿致残。大家围着罗总长默默无语，有的哭了起来。当罗瑞卿问到陶玉玲，知道她长期三地分居困难后，非常关心。后来总政治部作了安排，将陶玉玲调进八一电影制片厂演员剧团。

陶玉玲在此前虽然拍过一些电影，但专业是话剧演员，到八一厂后，成为专业电影演员。此时陶玉玲已有14年没有拍电影，且已44岁，人开始发胖，脸上也已有沧桑感，面临角色转换。但是许多导演给了她很大的帮助。如严寄州，他让陶玉玲在《三个失踪的人》中演女民兵，因为年龄大了，化妆师刘虹努力为陶玉玲造型，道具师主动教陶玉玲学擀面条，副导演霍德集替陶玉玲趟河。严导演

《如意》剧照

《如意》剧照

对陶玉玲说："下边我还要拍《二泉映月》，你演船娘"。陶玉玲还没来得及反应，在一旁的田华就赶紧说："有戏就演"。紧接着陶玉玲就跟严导到无锡拍了《二泉映月》，严导在业务上严格要求，在生活上对大家很关心，还给陶玉玲等演员买黄桥烧饼，买酒酿，这使陶玉玲在镜头面前很放松。

又如郝光导演，他让陶玉玲在《奸细》中演地下党员。摄制组在哈尔滨零下40度的冷天拍摄。外界传说陶玉玲耳朵冻掉了，其实导演和同事们对陶玉玲这个南方人都特别照顾。

此后，冯一夫导演让陶玉玲在《英雄岛》中饰教师；魏玲玉导演让陶玉玲在《望日莲》中饰老太太；贾世容导演让陶玉玲在《夏明翰》中饰夏明翰的英雄母亲，都给予陶玉玲以雪中送炭式的支持。

《归宿》剧照

剧照

六　从《没有航标的河流》到《张培英》

《没有航标的河流》剧照

《没有航标的河流》剧照

《没有航标的河流》剧照

湘西，这是一个充满传奇故事的地方。是有着张家界、凤凰等山川名胜，出了沈从文、黄永玉、宋祖英这样一些与美丽有关的人物的地方。

湘西的江河清澈，因为是山区，水流湍急。河水从上游到下游，翻滚旋转，一泻千里。过去有许多放木排的人冒着生命危险，在江河上以放排为生。1983年，陶玉玲来到这里，拍摄了《没有航标的河流》。

陶玉玲44岁成为专业电影演员至今，拍了二十多部电影、电视。其中最值得称道的，包括在《没有航标的河流》中扮演吴爱花。可以说是陶玉玲电影表演艺术的又一个高峰。

《没有航标的河流》是根据叶蔚林同名小说改编的，讲的是在河上放排为生的盘老五等人的遭遇。盘老五与由陶玉玲扮演的吴爱花年轻时相恋，后来盘老五因放排时散了排，背上沉重的债务，主动离开了吴爱花。30年后，盘老五放排到一个小镇，在一个小面馆里与吴爱花相遇，在"文化大革命"中吴爱花死了丈夫和儿子，沦为一个浑身穿着破烂衣服的讨米婆子。俩人四目相视，愕然之余是深深的苦楚……

陶玉玲在看小说时就深深地爱上了吴爱花这个角色，演出非常投入。木排在非常湍急的河流上飞驰，是非常危险的，从来没有女人上去过。然而陶玉玲为了体验放排的艰辛，与男演员一起上了木排。当木排放到下游，岸上的老百姓看到木排上居然有一个浑身泥水的女人，非常惊讶。

由于陶玉玲在"文化大革命"也有历经磨难的生活，并且对在没有航标的河流上放排有深刻的体验，再加上陶玉玲此时的表演达到了一个新的境界，吴爱花这一角色塑造得非常成功。遍体鳞伤的吴爱花巧遇盘老五时，没有泣不成声，而是极力控制自己积压了多年的情感，苦苦地一笑，转身走了。表演深沉而含蓄，毫无做作而又催人泪下、动人心魄。首次执导的吴天明称这种"心似黄连脸在笑"的表演艺术是他孜孜以求的，是一种很高的境界，陶玉玲自己也感觉在《没有航标的河流》中虽然戏并不太多，但却是自己表演生涯的又一个里程碑。

《没有航标的河流》剧照

读者不妨细细端详，我们安排了一个整版的陶玉玲在《没有航标的河流》中的剧照，从陶玉玲的眼神中我们可以读出凄楚、凝重，更可以读出深度与力度，一种在表演艺术达到很高境界时才会有的震撼。

这之后陶玉玲开始扮演了一系列母亲。第一次演母亲是在《望日莲》中，以后在董克娜导演的《归宿》中，演母亲和女儿俩人，母亲是工厂的书记，女儿是海军文工团员。演女儿对陶玉玲是一个严峻的挑战，董导说要试装、试戏，请汪洋厂长审查、批准。这时北影化妆师孙宏魁给予了大力支持，他说他很同情陶玉玲这一代演员，最好的时候让"文化大革命"给耽误了，一定要从造型上给予帮助。董导请陶玉玲参演了三部戏：《归宿》、《明姑娘》、《幸运的人》，俩人建立了深厚的友谊。

在长春电影制片厂，陶玉

玲饰演了三部电影。在赵卫衡导演的《炮兵少校》中演少校苏宁的母亲。周里京演炮兵少校苏宁，吕晓河、寇振海等演苏宁的战友，这个电影得了华表奖。在宋江波导演的《任长霞》中饰任长霞的母亲，张瑜演任长霞。这部影片也得到了很多奖项，陶玉玲演的母亲得到百花奖提名奖。

在北影制片厂，陶玉玲参演了黄建忠导演的《如意》。参演的有老艺术家赵子岳、郑振瑶、李仁堂等，这个戏参加了法国兰特的电影节的展演，受到了观众的欢迎。为此陶玉玲还与导演谢晋、作家刘心武等一起到法国出席了这个电影节。

1984年，陶玉玲主演了电视剧《张培英》中的张培英。张培英是总后军事医学科学院一名科研人员。在科学实验中不幸面部与两只手大面积烧伤，不能继续从事科研，她就

《没有航标的河流》剧照

《没有航标的河流》剧照

《张培英》剧照

朗诵

《望日莲》剧照

《归宿》剧照

剧照

主动做校外辅导员关心下一代，在纪念"七一"党的生日纪念会时，给大家作报告。不幸逝世在讲台上。这个戏的导演是陶玉玲的恩师王苹导演的女儿宋昭，现在是广播学院的教授。八一厂化妆师白丽军、张家茂为陶玉玲造型，脸上贴的塑胶，手上做的假手，只要一化妆就不能上厕所。所以拍摄中尽量不喝水，又是夏天，头上的汗从橡胶上滴下来，很辛苦。这个剧后来被评为电视剧一等奖，陶玉玲被评为优秀女演员，八一厂为陶玉玲记了三等功。

七 特殊的荣誉：
党和国家领导人的关注

1963 年 8 月毛泽东主席接见话剧《霓虹灯下的哨兵》的演出人员

1963 年 12 月下旬周恩来总理接见话剧《霓虹灯下的哨兵》的演出人员

1963 年 5 月周恩来总理接见陶□□□演员，右 2 为王苹导演

1963 年 3 月周恩来总理在家中接见《霓虹灯下的哨兵》的演出人员

1963 年 2 月朱德委员长接见话剧《霓虹灯下的哨兵》的演出人员

受到罗瑞卿接见

康克清接见陶玉玲等

在中国当代影视表演艺术家中，有许多人具有高深的造诣，卓越的成就。但是先后受到毛泽东、周恩来、朱德、刘少奇、邓小平、江泽民、胡锦涛等党和国家领导人接见，可说少之又少。而陶玉玲，就是这少之又少中的一个。毛主席看她参演的《霓虹灯下的哨兵》时留下了眼泪。周总理先后接见她七八次，并对她的艺术创作作过许多直接的指导。

有一次周总理问陶玉玲："你给指导员的信中有一句对陈喜说的话，用了一个词'你我俩小无猜'，春妮是什么文化程度？"陶玉玲说："顶多小学吧！"周总理接着说："小学文化能用"俩小无猜"这个词吗？"陶玉玲想了想，答道："那我就改成我与他从小一起长大。"周总理点头说："这样更加符合人物要求。"

在周总理认为改得差不多的时候，周总理向毛主席推荐了这部剧。毛主席听说全国有许多话剧团在演，便说："我要看原版的"。

　　在毛主席之前，早在 1963 年 5 月，朱德、刘少奇、邓小平等就观看了《霓虹灯下的哨兵》。他们也都接见了陶玉玲和她的团友。新华社的记者留下了他们接见陶玉玲的镜头。可惜刘少奇、邓小平接见陶玉玲的照片已经找不到。

　　陈毅与陶玉玲可说是熟人。陶玉玲进华东军政大学的第一天，就在操场上听陈毅做开学典礼的报告。当时陈毅兼任华东军政大学校长。陶玉玲到部队后的第一个节目，陈毅就亲自观看。平日，陈毅及其夫人张茜便经常到前线话剧团来。有一次，陈毅前来观看《东进序曲》，演出结束后上台接见演员。坐在"江州二刘"坐的凳子上。穿着一件香云纱的短袖黑小褂，手里拿着一把芭蕉扇，若有其事地说："我就是江州二刘，像不像？"

在顾秀莲家

1974 年，于洋、杨静夫妇听说陶玉玲脱了军装下放到南通，便专程到南通看望陶玉玲并请她到北影试镜头。在此期间陶玉玲给周总理写了一封问候的信，想不到周总理第二天就让办公室工作人员打电话到陶玉玲的住处，通知陶玉玲上午 10 点钟到中南海他家里来。碰巧陶玉玲有事离开了住处，周办的工作人员又说，改为下午 4 点来也行。11 点，陶玉玲回到住处，后悔不迭，下午她准时到达中南海，一进门就看到门岗旁的小黑板上写着"陶玉玲 4 时进中南海"。就在 3 点 55 分左右，陶玉玲在路上看到周总理坐在轿车里要出去，微笑着摆手示意让她去他家。

在周总理家，邓颖超接待了陶玉玲，告诉陶玉玲总理临时有外宾要见，出去了。要她转告陶玉玲你的信他见到了，知道了你这几年的经历，要你永远牢记：时刻不要忘记为人民服务，要演好工农兵，要深入到工农兵群众中去，你当过兵，又下放当了工人，再到农村去熟悉农民，才能真正演好工农兵。只要很好地为人民服务，一定会有光辉的前程，灿烂的未来。

进入改革开放时期，陶玉玲除了继续拍电影、电视剧，还参加了许多公益活动。先后受到江泽民同志四次接见与胡锦涛同志的两次接见。

1996 年 6 月 10 日。江泽民同志到八一电影制片厂视察，在三棚接见了陶玉玲等演职人员。

1996 年，江泽民同志与胡锦涛同志在人民大会堂参加纪念国歌诞生 50 周年演出，接见了参加演出的陶玉玲等演职员。

2000 年，江泽民同志参加"八一"建军节"军人道德组歌"晚会，接见了装扮成春妮参加演出的陶玉玲等演职人员。

2005 年，江泽民同志、胡锦涛同志在人民大会堂参加中国电影 90 周年，世界电影 100 周年晚会，接见了陶玉玲等演职员。

张爱萍接见陶玉玲、刘鸿昇

八　生命之歌：抗癌 10 年拍摄影视片 13 部

1993 年 11 月 15 日，陶玉玲在一次偶然的体检中发现口腔上颚后部长有线样囊腺肿瘤。经过病理切片分析，被确诊为恶性——癌症。医生没有向陶玉玲隐瞒病情，而是如实相告。这对陶玉玲有如晴天霹雳！陶玉玲通宵睡不着："要说死，倒不是很怕死，我都 60 多岁了，但是当时怎么也睡不着觉，我觉得我这辈子好像没有做什么坏事，人家说，好人一生平安，怎么我就不平安了呢？"

陶玉玲此时面临了艰难的抉择：上颚部发生的恶性肿瘤，一般首先要从面部切开，把面部从上唇处开始整个切开，把软组织掀开，再去切肿瘤，而且还要挖掉一只眼睛。陶玉玲坚决不同意这样的手术。她几次对医生说："我不能毁容！今后我天天照镜子，看到自己那样子，多么可怕！那等于成了《夜半歌声》中的宋丹萍，我还能活吗？我觉得我绝对不行，这样的刺激我肯定是受不了的。"

中国人民解放军总医院的医生们经过反复研究，最终决定从口腔内实施手术。由李永海主任亲自操刀。手术取得了成功，手术以后的陶玉玲让很多去医院看望她的人感到非常意外。她根本不像个病人，完全和以前一样。

但是手术成功，不等于就根治了癌症。从此，陶玉玲开始了漫长的抗癌斗争。她首先从精神上树立乐观主义，尽量平静地面对厄运："如果癌症不轮到你，就应该轮到别人吗？为什么好事都应该是你的呢？坏事就应该是别人的呢？既然轮到了我，就应正确面对。"

她在日记中写道："要拼搏求生，不能坐以待毙，要在战争中学习战争，战略上藐视敌人，战术上重视敌人"。

陶玉玲首先坚持各种锻炼。一开始时坚持当时非常盛行的有氧健身与郭林气功，这是一套以走路为主要形式的锻炼方式，陶玉玲每天去治疗坚持步行，从家里走到医院，再从医院走到家里。边走边做。第二是从报纸上剪下与病魔做斗争的故事，来鼓舞自己。访问与癌症斗争有成效的病友，吸取他们的经验教训。

剧照

剧照

剧照

《幸福的完美》剧照

    陶玉玲抗癌最主要的法宝就是把癌症置之度外，只要体力允许，像正常人一样投入工作。首先是不断参加社会活动，一开始时参加一些与影视有关的如开机仪式等活动，后来参加帮助青少年的社会活动，还担任北京市关心青少年协会的副会长。"有时候，人家说你少参加点活动，别太累了，我就想开了，你在家要生病也得生病，在家要死也得死，到外面去参加活动，该怎么就怎么的，还有很多年轻的朋友，像周里京、倪萍、濮存昕，都是叫我妈，夏雨、张山都叫我奶奶，你说我高兴不高兴？"

    陶玉玲参加的"社会活动"最多的就是拍摄影视片。她像健康人一样，接了一部又一部。从1993年到2004年，陶玉玲竟然参与了13部影视片的拍摄，分别是：《新娘》、《光荣街五号》、《突围》、《大喜之家》、《光荣之旅》、《共和国往事》、《危情风暴》、《葛定国同志的夕阳红》、《无悔的忠诚》、《离婚再婚》、《最后的骑兵》、《中国故事》、《追日》。

    也许是老天爷也被陶玉玲的勤奋顽强感动，2004年3月，经过医院检查，陶玉玲身体居然康复了！陶玉玲被医生批准停止服药。10年抗癌最终取得了成功。

《金头太子》剧照

九　有口皆碑：
　　师谊与友情

与田华、王馥荔、李秀明、丁一等在一起

与沈西蒙讨论剧本

夏衍接见于蓝、陶玉玲等

　　采访陶玉玲，几乎每说到一个作品，她都会一而再再而三地说到指引她成长的老师。

　　她说的最多的是王苹导演。王苹不仅是《柳堡的故事》与《霓虹灯下的哨兵》的导演，也是《闪闪的红星》、《冲破黎明前的黑暗》、《槐树庄》以及音乐舞蹈史诗《东方红》、《长征组歌》等经典作品的导演，是中国电影史上少有的有杰出成就的女导演。

　　从前面的叙述可以看出，是王苹相中了陶玉玲，让她出演《柳堡的故事》，拍摄过程中王苹让陶玉玲与她一起住在老乡家。那时正好王苹的丈夫、著名剧作家宋之的去世，王导非常悲痛。陶玉玲除了跟王导拍片子，生活中不断用各种方式安慰王导，打饭、洗衣服、打扫卫生，抢着干各种家务。很大程度上缓解了王

《柳堡的故事》导演王苹

八一厂艺术家合影

陶玉玲与黄宗江

与谢晋、秦怡、谢芳等在一起

与谢晋、谢铁骊、杨静在一起

导的悲痛。俩人建立起了类似母女的关系。拍摄《霓虹灯下的哨兵》，又是王苹选用了陶玉玲演春妮。

1990年11月王苹病危，陶玉玲天天陪在病床旁。有一次，王苹问陶玉玲："我最喜欢谁？"陶玉玲答："当然是你女儿。"王苹答："对，但我也非常喜欢你。"

陶玉玲说起要感激的老师，竟然说了好几十个。仅现在手头有照片的就有：王苹、黄宗江、沈西蒙、莫雁、胡石言、吴仞之、谢晋、严寄州、董克娜、吴天明、贾世宏、魏玲玉、郝光、冯一夫……

黄宗江不仅与胡石言一起把陶玉玲推荐给王苹扮演《柳堡的故事》中的二妹子，而且帮助修改了《霓虹灯下的哨兵》。沈西蒙与莫雁是《霓虹灯下的哨

与田华等在一起

兵》的编剧，而这个戏是他们为陶玉玲量身定做的。吴切之是陶玉玲走进艺术生涯之初的第一个导师。严寄州在陶玉玲重新回到电影界最困难的时候第一个帮了她。董克娜在这个时候一连邀请陶玉玲拍了三部片子。吴天明帮助陶玉玲达到了第三个高峰……

陶玉玲人缘极好。曾经有一位作者访问了陶玉玲的几十位同事，得出的结论居然是"有口皆碑"。她拿出一本又一本的相册给我介绍与她共过事的演员朋友、说了一个又一个，仅现在手头有合影的就有一百多位。

陶玉玲一边数一边说，数是很难数过来的，还有一些照片没有了，但其实很亲密。除了把已有的照片印在书里外，希望通过作者，向相识的朋友致敬。包括合作过共过事的演员，也包括化、服、导、摄、录、美各种岗位上的朋友。

与谢添导演在一起

与田华、张良、李长华、林默予、宋春丽等在一起

与田华、于洋、于蓝、于乔等在一起

与陈强、黄宗洛、胡朋等在一起

陶玉玲、黄国林夫妇与仲星火等在一起

与王昆、田华在一起

与谢芳、李默然、张勇手、王润身等在一起

与谢晋、王晓棠等在一起

与秦怡、孙道临、杨在葆等在一起

与表哥何祚庥院士等在一起

与于洋、杨在葆、刘诗兵等在一起

与于洋、张良、杨在葆、刘诗兵、黄小雷等在一起

与于蓝、郭兰英

与李默然

与孙道临、张良、田华、秦怡等
后排左1仲星火、左3田华、左7李仁堂、左8孙道临、左9张良
前排左2陶玉玲、左3梁音、左5刘诗龙、左6王馥荔

与田华、于蓝、王晓棠、黄惠林教授等在一起

与唐国强、古月等在一起

① 与凌元、梁音、王馥荔、
　黄小雷等在一起
② 与张瑞芳、田华、曲云、
　胡朋、王玉梅、祝希娟等
　在一起
③ 八一厂厂长明振江和演员
　们在一起
④ 与许还山、刘江、曲云、
　杨在葆、张金玲等在一起

与彭丽媛

与谢芳

与黄宏等

与田华等

与林默予、黄梅莹、金鑫在一起

与梅葆玖

与张良、曲云等

与陈强等

与电影界朋友在一起

与电影界朋友在一起

十　爱情故事：令人叹息
　　而又美丽动人

陶玉玲与黄国林

　　自从扮演《柳堡的故事》中的二妹子，陶玉玲在全国迅速走红。据前线话剧团收发室的同志讲，那个年代陶玉玲每天收到的信在百封上下。其中多数是对《柳堡的故事》中二妹子的赞扬，但也有不少是表示仰慕的。在陶玉玲的周围，包括军区内，更有不少人直接对她有各种各样的表示。拿今天的话说，她是当时的"大众情人"，是倾倒大江南北的偶像。

　　然而，一般人很难相信，陶玉玲一辈子只谈过一次恋爱。那就是与现在的丈夫黄国林。据同事们回忆，陶玉玲对周围追求她的人，采取的是有礼有节的

态度，比如有很熟的对她有意的人请她去吃饭。就会说："好呀！带上 xxx 一起去！"在黄国林之前，所有其他人最多只是吃过一两次饭，谈不上进入恋爱状态。黄国林高高的个子，一表人才，具有儒雅风度。一开始任前线话剧团演出队长。后来经常被总政调用任各种外事活动的干事。如 1959 年随中国青年艺术团参加奥地利维也纳的第七届世界青年联欢节，1966 年随周恩来总理参加纪念万隆会议 10 周年活动。

　　黄国林的干练及足智多谋给了陶玉玲很大的帮助。陶玉玲常说："他是我的

与女儿黄晖、外孙女付昭盈、付昭雯

家庭合影

军师，有许多拿不定主意的事情，都请他帮助。很多资料也是由他搜集、积累"。可以说，黄国林除了自己的事业外，一生都在给陶玉玲全力以赴的支持，俩人相濡以沫五十余年。

到了晚年，陶玉玲与黄国林的爱情又上演了十分动人的故事。

陶玉玲得癌症住院期间，医生要求黄国林每周去医院一次，结果黄国林天天

与女儿、外孙女

与外孙女

丈夫黄国林

都去，从11月11日一直到12月12日，风雨无阻。

就在陶玉玲做完手术后没多久，黄国林的身体也出现了问题——诊断出了结肠癌！可是黄国林不顾自己，仍然把全部精力投入到妻子陶玉玲身上。陶玉玲患病住院期间，二女儿正在香港生孩子，大女儿替二女儿去照顾另外的孩子，而此时陶玉玲天天接受放疗，为了减轻放疗对身体的损害，天天都要吃中药。

在电影博物馆蜡像前摄影

　　谁来煎中药、送中药呢？是黄国林，他忍着自己也得了癌症的疼痛。每天为陶玉玲煎中药、送中药，黄国林心中的悲伤是可想而知的。黄国林说，我真想大哭一场，但是我不能。

　　这可说是真正的生死与共，相濡以沫。爱情到这个份上，真是分外令人叹息，也分外地动人。

丈夫黄国林

郭沫若题词

邓颖超与黄国林

陶玉玲夫妇与王昆

陶玉玲与家人

　　与陶玉玲一样，黄国林的结肠癌在数年后，竟然也趋于痊愈。老天爷可以说又开了一次眼。

　　黄国林、陶玉玲夫妇有两个女儿。大女儿叫黄晖，在香港教书，女婿叫付文权，有两个外孙女：付昭盈与付昭雯。付昭雯是香港中学生铁人三项冠军。小女儿叫黄珊，是北京师范大学实验幼儿园的书记兼园长，全国优秀教师。女婿叫杨彤晔。有一个外孙叫杨俊杰，在北师大二附中读书。

　　一大家子可以说各得其所，其乐融融。给黄国林、陶玉玲夫妇带来许多欢乐与慰藉。

十一　依然纯朴、平易、热情洋溢

参加国庆 60 周年大阅兵老兵方阵

采访陶玉玲，前后接触了几十天，应当说比较了解她现在的生活状况。由于她的纯朴、热心的本性，由于她得过癌症，觉得自己的命是捡来的，要抓紧多做些有益于社会、有益于公众的事情，也由于她懂得"生命在于运动"，因此她除了继续参加各种电影电视剧的拍摄活动外，还热心参加各种社会活动，尤其是公益活动。

早在 1999 年，她就成为北京市关心青少年协会的副会长，参加各种关心下一代的活动。慰问春蕾学校，送书、鞋、现金等慰问品。关心失足青少年，与他们谈心，到少管所女子监狱慰问干警……

多次参加赈灾义演。地震、水灾、旱灾，只要是为各种灾害筹款的演出，只

参加国庆 60 周年大阅兵老兵方阵

参加公益活动

与航天员在一起

要身体状况允许，她逢叫必到。

她参加了国家的许多重大活动。例如中华人民共和国成立60周年庆典。她被选为《浴血奋斗》彩车上的18位老兵之一。在天安门广场，接受党和人民的检阅。

再如2008年北京奥运会，她参加了残奥会闭幕式《播种》的演出，以一个母亲的身份率领残疾儿童演出。

再如2011年中央电视台举办"高原军营大拜年"活动，到高原慰问守卫边

与刘翔

与郭晶晶

与王楠

参加纪念抗日战争暨世界反法西斯战争胜利 60 周年大型晚会《为了正义与和平》演出

防的战士，与阎肃、杨洪基一起被授予"为兵服务特别荣誉"奖。

2011 年 5 月，陶玉玲被评为"共和国最尊贵老人"、"敬老孝亲大使"。

对于电影界的事情，她更是热情参加。包括中国文联及中国电影表演艺术学会等各种群众团体的活动、各种颁奖典礼、开机仪式、各省市的影视活动。

陶玉玲至今每年都参加一些影视片的拍摄。有时候只有几个镜头，她老伴定了三个原则：看本子、看班子、不谈票子。真正能帮上忙，那就好。

陶玉玲 77 岁了，依然是那样纯朴平易、热情洋溢，对生活、对他人充满善意。

中国
电影 50年

1949－1999

照·肖像·新闻摄影艺术集萃
（东大厅）

影海报收藏与欣赏
（映厅前厅）

影·新中国图片展
（东大厅）

展
术

与严寄洲导演、黄惠林教授在一起

荣誉证书

陶玉玲 同志：

　　被评为国家有突出贡献
电影艺术家。

中华人民共和国人事部　　国家广播电影电视总局

〇〇五年十二月二十八日

与于洋、杨静、李行等在一起

与祝希娟、苏叔阳

与崔永元

与矿工在一起

与赵实同志

参加残奥会演出

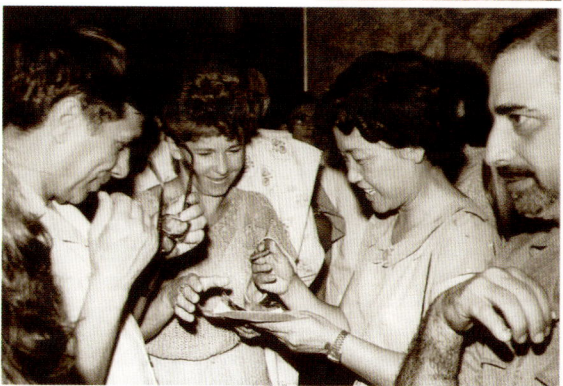

中国电影代表团访问法国

与凌元

与董文华

与殷秀梅

与祝新运

与周里京等

与赵薇等

与田华、林永健、吴军等

陶玉玲夫妇与陈波厂长

陶玉玲夫妇与赵青

陶玉玲夫妇与侯勇

陶玉玲夫妇与龚雪

陶玉玲夫妇与蔡明

剧照

剧照

与日照市委书记杨军

接待李丽华

与影视界的朋友在一起

与栗原小卷

十二 解读陶玉玲：
　　　平淡本身就是绚烂

　　从镇江粉墙黛瓦的小巷传出的那声啼声，到上海拉都路石库门那蹦蹦跳跳的小姑娘；20岁时因《柳堡的故事》而一举成名，成为风靡大江南北的红星；受到几代党和国家主要领导人的接见与关注；"文化大革命"被迫脱离部队，十几年后错过了再出成绩的最佳年龄，不得不从零开始；癌症；10年磨难拍了13部片子；当绚烂归于平淡，用对电影对艺术的执著，用对社会对他人的关爱，继续纯朴、平易、热情、低调的人生。

　　就这样，陶玉玲在亿万中国观众前面，走了过来，给亿万人带来了愉悦陶醉。又走了过去，镌刻着一个给人感慨、给人叹佩的背影。

　　陶玉玲最有代表性的作品在笔者看来是《柳堡的故事》、《霓虹灯下的哨兵》、《没有航标的河流》。她的表演艺术风格样式的主流是清纯、甜美、天然、淳朴，那是一种基于内心的天真、淳朴、谦让甚至弱势自我定位的真正的清纯、甜美。从她最经典的对镜理妆的甜美表演，及晾晒衣服时的充满自然风情的演唱表演可以看出，她其实具有未经雕琢就有的极其动人的表演天赋。

的各位艺术家。

影表演艺术学会奖（金凤凰奖

陶玉玲夫妇与张瑞芳

　　许多与陶玉玲熟悉的人说她不是最有灵气与悟性的，她自己也一再说自己"笨"。然而她有两个突出的优势：非常虚心与非常刻苦，遇到她真正感兴趣的角色，她会不厌其烦地请教导演、编剧、其他演员，综合大家的智慧，同时刻苦钻研，最后达到了王苹、莫雁等高水平编导给予的"恰到好处"、"令人吃惊"乃至"出神入化"、"妙不可言"、"炉火纯青"的高度评价。

　　陶玉玲内心的清纯、甜美、天真、淳朴，"谦让的自我弱势定位"，也给她的人生奠定了基调。

　　她因《柳堡的故事》而红遍大江南北，每天收到上百封信，走到马路上要戴

深入连队

口罩，然而她回到前线话剧团完全和原来一样。装车、抬布景、去食堂帮厨一样不落。下连队时帮战士们洗衣服、洗袜子，一洗就是一大堆，又洗又补，有时干到深夜。有一次去南京火车站慰问南下的部队。正值大夏天，热到40度。大家都待在树阴下乘凉。战士们认出了陶玉玲。要她演出，陶玉玲在闷罐车中朗诵了一首有关列宁的诗歌。从车头一节一直演到车尾一节，共有十几节，满头大汗，

造型照

身上湿了一大片一大片。

　　在《霓虹灯下的哨兵》中为陶玉玲当 B 角的诸家槐说：陶玉玲虚怀若谷、从善如流的精神是使人吃惊的，她当 A 角我是心悦诚服的。当时也有人主张我上，说我的条件比她好一些。令我感动的是陶玉玲常去找导演，力争要我多演几场。她让戏的时候多了。连到周总理家去也要拉上我，还专门让我演给总理看。

　　在我们采访陶玉玲的日子里，看到她不停地跟门卫战士、电梯员、超市的服务员互相热情地打招呼；每一次吃饭，她都会去抢着付账……

　　人们常说，绚烂归于平淡。而陶玉玲好像最绚烂时也是平淡的，而今仍然平淡得那样"骨子里"，那样坚实。这种平淡本身，不就是绚烂吗？有几人有这种平淡的绚烂呢？

生活照

生活照

陶玉玲夫妇

生活照

剧照

剧照

附录　经历、作品及获奖情况

1934 年 10 月 28 日生于江苏镇江

1949 年入华东军政大学文艺系戏剧队学习

1951 年到华东军区文艺干部训练班学习

1952 年任南京军区前线话剧团演员

1956 年《柳堡的故事》饰二妹子

1959 年后出演话剧《英雄岛》、《东海最前线》、《刘连英》、电影《江山如此多娇》

1963 年话剧《霓虹灯下的哨兵》饰春妮

1964 年电影《霓虹灯下的哨兵》饰春妮

1972 年任南通市文工团团长

1975 年任前线话剧团演员队副队长

1978 年任八一电影制片厂演员、演员队队长、演员剧团团长

1979 年电影《三个失踪的人》、《二泉映月》

1980 年电影《奸细》

1981 年电影《归宿》

1982 年电影《如意》

1983 年电影《没有航标的河流》

1984 年电影《明姑娘》

1985 年电影《夏明翰》

1986 年电影《幸运的人》、《望日莲》

1987 年电影《远离战争的年代》、《梦想家》、《雪城》

1992 年电影《炮兵少校》、《烦恼家庭》

1993 年电影《新娘》

1995 年电视《突围》

1998 年电视《大喜之家》

1999 年电视《光荣之旅》、《共和国往事》

2000 年电视《危情风暴》

2002 年电视《葛定国同志的夕阳红》、《爱情钥匙》

2003 年电视《英雄时代》、《北极光》、《无悔的忠诚》

2004 年电视《离婚再婚／女人不好惹》、《最后的骑兵》、《中国故事》、《追日》

2005 年电视《光荣之旅》、《任长霞》

2006 年电视《老人的故事》、《上将许世友》、《51 号兵站》、《奔跑的梦想》、《丑女也疯狂》

2007 年电视《点燃我生命的是你／激战》、《杜鹃山》

2009 年电视《寻找成龙》、《西塘河》

2010 年电视《冰是睡着的水》

获奖情况

1. 人事部、广电总局授予的"国家有突出贡献电影艺术家"荣誉称号

2. 中国电影表演艺术学会授予特殊贡献奖、中国电影 100 年"百位优秀演员"称号

3. 中国文联授予 60 位有特殊贡献的艺术家称号

4. 中国电影诞生 90 周年获表演艺术成就奖

5. 《没有航标的河流》获美国夏威夷国际电影节最佳影片奖

6. 《张培英》获全军第五届电视剧金星奖优秀演员奖

7. 《任长霞》获第 15 届金鸡百花奖最佳配角提名奖

8. 1957 年被评为全国青年社会主义建设积极分子

9. 1965 年前获南京军区"三八红旗手"等称号 8 次

10. 1980 年后获八一电影制片厂"优秀共产党员"、"三八红旗手"等 6 次

11. 2008 年与 2011 年 2 次评为"总政先进老干部"

12. 荣立集体一等功 1 次、个人三等功 2 次、四等功 1 次

后　记

与本书作者合影

第一次到陶玉玲家，所见到的是她历年的照片，一纸箱一纸箱地堆在窗下、床边，历年对她和她的作品的报道、评论杂乱无章地码在橱柜里。许多照片、资料非常珍贵，有毛泽东、周恩来、朱德、江泽民、胡锦涛等领导同志接见她的照片，有许多已经很陈旧、卷曲，成为孤本。还有刘少奇、邓小平、陈毅等接见她的照片，可惜已经找不到了。

陶玉玲是曾经给亿万中国人带来快乐与愉悦的电影与话剧表演艺术家，现已77岁，她的先生黄国林80岁，住在一所很普通的不大的房子里。我与陶玉玲夫妇在一张很简易的方桌上翻看着一堆一堆的资料，突然产生了一种感觉，所有关心中国电影的人其实应有责任把他（她）们的成就、业绩、贡献、经验总结出来，流传下去。否则，日后很可能就散失了。

因此，本来我只是一个挂空名的主编，决定自己动手，尽力而为。我非常希望有更多作家、评论家参与我们这个系列丛书的编撰工作，这可能会是一项重要的文化工程，而且有着紧迫性。

本书素材、照片均由陶玉玲本人提供，也参阅了少量有关资料以相印证，在此一并致谢。

图书在版编目（CIP）数据

陶玉玲画传／冯国荣 著．—北京：人民出版社，2011.8
（中国表演艺术家传记丛书）
ISBN 978-7-01-010077-7

I. ①陶⋯　 II. ①冯⋯　　 III. ①陶玉玲－传记－画册　 IV. ① K825.78 － 64

中国版本图书馆 CIP 数据核字（2011）第 142336 号

陶玉玲画传
TAO YULING HUAZHUAN

冯国荣　著

出版发行：人 民 出 版 社
地　　址：北京市朝阳门内大街 166 号
邮　　编：100706
经　　销：新华书店总店北京发行所
网　　址：http://www.peoplepress.net
印　　刷：北京新华印刷有限公司
版　　次：2011 年 8 月第 1 版
印　　次：2011 年 8 月第 1 次印刷
开　　本：787mm×1092mm　1/16
印　　张：14
字　　数：40 千字
印　　数：0,001－3,000 册
书　　号：ISBN 978-7-01-010077-7
定　　价：70.00 元